V&R

Albrecht Benz

Erlebnisgottesdienste mit Senioren

30 Entwürfe für Altenheim und Gemeinde

Mit 6 Abbildungen

Vandenhoeck & Ruprecht

Ich widme dieses Buch meinen Eltern
Jörg Benz (1921–2015) und
Ingrid Benz, geb. Rasmussen (geb. 1925),
die mir vorgelebt haben, was es bedeutet,
in Würde alt zu werden.

Bibliografische Information der Deutschen Nationalbibliothek:
Die Deutsche Nationalbibliothek verzeichnet diese Publikation in der Deutschen Nationalbibliografie; detaillierte bibliografische Daten sind im Internet über http://dnb.de abrufbar.

Umschlagabbildung: © inventart – Adobe Stock

Satz: SchwabScantechnik, Göttingen
Druck und Bindung: CPI books GmbH, Leck
Printed in the EU

Vandenhoeck & Ruprecht Verlage | www.vandenhoeck-ruprecht-verlage.com
E-Mail: info@v-r.de

ISBN 978-3-525-63402-8

Inhalt

IV: Gottesdienste mit persönlichen Anschauungsstücken

Anhang

1 Zum Geleit

Dieser schmale Band ist ein persönlicher Erfahrungsbericht. Mit 63 Lebensjahren bin ich im letzten Arbeitsabschnitt vor dem Ruhestand. Da ist es legitim, wenn sich die Schwerpunkte der beruflichen Arbeit ändern.

Seit über acht Jahren halte ich regelmäßig Gottesdienste in Seniorenheimen. Zurzeit bin ich mit dem Stellenanteil einer viertel Pfarrstelle freigestellt für »Altenheimseelsorge«. In diesem Rahmen gehe ich in vier private Heime und besuche die Bewohnerinnen und Bewohner. Dabei feiere ich mit ihnen regelmäßig zweimal im Monat Gottesdienst. Das ist arbeitsökonomisch günstig: So kann ich die Gottesdienste ausführlich vorbereiten und dann jede Ausarbeitung in jedem der vier Heime durchführen. Jeder Gottesdienstentwurf wird also viermal gehalten. Damit erreiche ich eine Beteiligung von insgesamt etwa 60 Personen pro Gottesdienstentwurf.

Mir ist bewusst, dass dies komfortable Rahmenbedingungen sind. Die Zeit, die ich zur Verfügung habe, geht weit über das hinaus, was ein Gemeindepastor in der Landeskirche neben seinen anderen Aufgaben normalerweise für die Altenheime in seinem Gemeindebezirk aufwenden kann.

Die hier vorgelegten Entwürfe sind alle in der Praxis mehrfach erprobt.

Viele der in diesem Buch verwendeten Geschichten und Predigtbeispiele sind in der eigenen Familie oder in der Gemeinde von mir selbst erlebt oder dem Leben abgelauscht worden. In den Gottesdiensten mit Seniorinnen und Senioren, die ich selber halte, sage ich das ganz offen und verwende beim Erzählen die »Ich«-Form. Dadurch entsteht eine größere Nähe und Anschaulichkeit. Die Teilnehmerinnen der Gottesdienste können es sich besser vorstellen, wenn ich beschreibe, was ich selber vor Jahren mit meinen kleinen Kindern oder heute mit meiner alten Mutter erlebt habe.

Damit aber die Kolleginnen und Kollegen, die diese Sammlung in die Hand nehmen, das dargebotene Material leichter in ihren Gottesdiensten verwenden können, habe ich die Geschichten hier »anonymisiert«. Dann heißt es eben im Text nicht mehr »mein Sohn hat erzählt«, sondern »ein Junge hat erlebt« oder »der Pastor fragte die Damen im Frauenkreis« oder »Frau B. erinnert sich«.

Die einzelnen Entwürfe sind sehr unterschiedlich. Einige dieser Gottesdienste könnte eine Kollegin oder ein Kollege vielleicht ohne weiteren Aufwand ohne Änderungen übernehmen. Wenn das gelingt, würde es mich freuen.

Die Beschaffung der Anschauungsmaterialien, die für diese »Erlebnisgottesdienste« notwendig sind, ist aber hin und wieder ein wenig aufwendig. Dies ist vielleicht für manche Kollegin oder für manchen Kollegen nicht so leicht zu leisten. Es gibt aber fast immer Alternativen, mit denen man einen ähnlichen Gedanken auf andere Weise anschaulich machen kann. Vorschläge dazu findet man bei jedem Gottesdienst unter den Hinweisen.

Bei einigen Gottesdiensten verwende ich auch Gegenstände aus meiner ganz persönlichen Sammlung, die nur mir im Original zur Verfügung stehen. Das gilt insbesondere für die letzten drei Beispiele in diesem Buch. Damit man sich dennoch eine Vorstellung davon machen kann, habe ich einige Abbildungen beigefügt, die gern verwendet werden können.

Jede Seelsorgerin und jeder Seelsorger hat in der Arbeit einen eigenen Stil. Das gilt für mich genauso wie für alle anderen. Darin zeigt sich der Reichtum der Kirche.

Auch die hier vorgelegten Gottesdienste tragen also meine persönliche Handschrift. Wenn Kolleginnen und Kollegen empfinden, dass sie meine Entwürfe nicht so ohne Weiteres übernehmen können, dann fände ich das in Ordnung.

Das wichtigste »Arbeitsmittel« in der Seniorenseelsorge ist ja immer unsere eigene Person. Gefragt ist in der Seelsorge die authentische Persönlichkeit. Die Bewohnerinnen und Bewohner der Heime, zu denen wir gehen, wünschen sich die Begegnung mit einem lebendigen Menschen. Wenn wir uns als ganze Person einbringen und den Bewohnerinnen und Bewohnern dabei auf unsere eigene, sehr persönliche Art mit Phantasie liebevoll, offen und frei begegnen, dann machen wir ihnen damit das wertvollste Geschenk.

Am besten ist es deshalb, wenn jede Altenheimseelsorgerin und jeder Altenheimseelsorger selber kreativ wird und für Andachten eigene Entwürfe entwickelt, mit eigenen Materialien und Geschichten ganz nach den eigenen Vorlieben, Möglichkeiten und den regionalen Gegebenheiten.

Es geht mir darum, dafür Anregungen zu geben und Beispiele für mein Konzept von »Erlebnisgottesdiensten« vorzustellen. Vielleicht kann die Sammlung aber für manche auch eine Art »Steinbruch« an Ideen sein. Dann hätte sich die Mühe gelohnt.

Ich danke den Seniorenheimen Senioren-Ruhesitz Knorr, Rosengarten, Residenz Vogeler-Villa und Haus Worpswede in Worpswede und ihren Mitarbeiterinnen und Mitarbeitern für die gute Zusammenarbeit in den Jahren, in denen ich das hier vorgelegte Konzept entwickeln und erproben konnte.

Ich danke der Landeskirchlichen Beauftragten für Altenseelsorge der Hannoverschen Landeskirche vom Zentrum für Seelsorge, Hannover, Frau Pastorin Anita Christians-Albrecht für ihre wertvollen Hinweise.

Ich danke meiner Frau Annett Benz und meiner Tochter Beate Völker dafür, dass sie Korrektur gelesen haben.

Über Rückmeldungen unter der E-Mail-Adresse albrecht.benz@hotmail.de würde ich mich freuen.

Albrecht Benz

2 Erlebnisgottesdienste mit Seniorinnen und Senioren – Erfahrungen aus der Praxis

Einzelgespräche oder Veranstaltungen?

Zur Altenheimseelsorge gehören nebeneinander Einzelgespräche und Veranstaltungen.

Bei einer personenzentrierten Seelsorge stehen die Themen im Vordergrund, die den einzelnen Menschen persönlich bewegen. Die Aufgabe der Seelsorge besteht dabei darin, dem Gegenüber zu ermöglichen, auszusprechen, was ihm wichtig ist. Der Seelsorger wird hier vor allem geduldig und aufmerksam zuhören und vielleicht ganz vorsichtig Fragen stellen, die zur Klärung beitragen können.

Ein Rundgespräch in einer Gruppe ist Senioren aufgrund ihres hohen Alters in der Regel kaum noch möglich.

Sie haben es stattdessen gern, wenn sie durch ein Programm geführt werden, bei dem ihnen ein inhaltliches Thema auf vielfältige Weise dargestellt wird. Als Seelsorger sollten wir uns deshalb nicht scheuen, in diesem Sinne eine Veranstaltung erkennbar zu leiten. Andachten und Gottesdienste erhalten dabei in einem gewissen Sinne den Charakter von Darbietungen oder Vorführungen. Das ist leider unvermeidlich.

Die Erlebnisgottesdienste, die hier vorgestellt werden, geben dabei allen Teilnehmenden genügend Freiraum, im Rahmen des Programms eigene, ganz persönliche Erfahrungen zu machen.

Aus der Vorgeschichte unserer evangelischen Kirche

Man nennt die evangelischen Kirchen »Kirche des Wortes«. Das ist eine gute, zugleich aber auch eine etwas unglückliche Tradition.

Die Reformatoren Martin Luther, Philipp Melanchthon und Johannes Bugenhagen waren Professoren an der Universität. Ihr ursprünglicher Arbeitsauftrag war die sorgfältige Auslegung der Heiligen Schrift im Zuge der wissenschaftlichen Ausbildung von jungen Theologen. Das war ihr Schwerpunkt. So wurde auch die öffentliche Predigt in der Kirche seit Beginn der Reformationszeit zu einem gelehrten Vortrag zur Erklärung der Bibel. Sie war also so etwas wie ein Stück »Erwachsenenbildung«. Das führte dazu, dass man sich in den Kirchen der Reformation von Anfang an um geistige Klarheit bemühte: Die »reine, lutherische Lehre« – »von der Barmherzigkeit Gottes allein aus Gnade, begründet allein aus der Schrift, angenommen allein aus Glauben« konnte so unverfälscht vermittelt werden.

Die Gefahr der Überforderung in unseren Predigtgottesdiensten

Mit diesem gedanklichen Zugang war aber auch die Gefahr verbunden, dass viele Menschen von einem tieferen Verständnis des christlichen Glaubens ausgeschlossen blieben, weil sie der Predigt nicht folgen konnten. Dies war vermutlich schon seit der Reformationszeit so. Gerade die ärmeren Menschen, die weniger Zugang zu Bildung hatten, – und ebenso die Alten – mussten sich in zu schwierigen und langatmigen Predigtgottesdiensten überfordert fühlen. Bei vielen Menschen blieb damit nach dem Gottesdienst regelmäßig das negative Gefühl zurück, außen vor zu sein. Wer die Predigt in der Kirche nicht versteht, kann leicht dazu kommen, sich selber minderwertig zu fühlen.

Diese Gefahr besteht heute ebenso in der Seelsorge an alten Menschen, die aufgrund ihrer altersgemäßen Beeinträchtigungen einen der üblichen Predigtgottesdienste in der Gemeinde nicht mehr verstehen könnten.

Gottesdienste speziell für Seniorinnen und Senioren

Deshalb muss die Kirche lernen, sich auf die Bedürfnisse von Senioren einzustellen und Gottesdienste speziell für sie zu entwickeln.

Die Kirche stellt sich schon seit Langem auf Kinder ein und gestaltet speziell für sie geeignete Kindergottesdienste.

Warum sollte ein seniorengerechter Gottesdienst im Altenheim sich nicht ebenso weit vom üblichen »Hauptgottesdienst« am Sonntagmorgen unterscheiden, wie sich ein Kindergottesdienst von diesem Hauptgottesdienst unterscheidet?

Die Bewohnerinnen und Bewohner der Seniorenheime

Manchmal beschreibe ich mit einem Schmunzeln das Leben im Altenheim so: »Es geht hier zu wie auf dem Schulhof!«

Im Altenheim leben ganz verschiedene Menschen auf engstem Raum zusammen. Sie gehören zu allen gesellschaftlichen Gruppen. Sie sind ganz unterschiedlich gebildet. Sie hatten früher unterschiedlich viel Geld zur Verfügung. Sie haben heute unterschiedlich häufig Besuch. Sie können sich unterschiedlich leicht auf andere Menschen einstellen. Sie sind unterschiedlich gesund und unterschiedlich stark durch ihr hohes Alter beeinträchtigt.

Gemeinsam haben sie aber alle das Eine: Sie sind auf Pflege und Unterstützung angewiesen. Die meisten sind auch nicht freiwillig im Heim. Sie würden viel lieber – wenn das möglich wäre – noch länger zu Hause in den eigenen vier Wänden leben. Und sie würden gerne das Leben noch selbstständig organisieren, wenn sie dazu die Kraft hätten.

Viele waren allerdings in der Zeit, bevor sie ins Heim kamen, sehr viel allein. Manche haben dabei unter der Einsamkeit auch gelitten.

Nun leben sie mit einem Mal mit vielen anderen Heimbewohnern in einem Haus zusammen. Sie können eine neue Gemeinschaft genießen. Sie leiden gleichzeitig aber auch daran, dass ihnen manche der anderen Bewohnerinnen und Bewohner fremd sind und fremd bleiben.

Beeinträchtigungen im Alter

Manchmal spreche ich mit einem Augenzwinkern die Binsenweisheit aus: »Niemand kann wünschen, lange zu leben, ohne in Kauf zu nehmen, dabei älter zu werden.«

Der Alterungsprozess ist unvermeidlich. Das bedeutet: »Alter ist keine Krankheit«. Aber nur sehr selten ist ein alter Mensch einfach nur alt und leidet nicht gleichzeitig auch an altersgemäßen Krankheiten. Fast jeder Mensch hat im Alter mit irgendeiner Einschränkung zu kämpfen. Damit müssen wir uns abfinden und lernen, damit zurechtzukommen.

Das bedeutet selbstverständlich auch, dass wir uns als Seelsorgerinnen und Seelsorger in der Gestaltung unserer Programme auf die vorhandenen Einschränkungen unserer Besucher einstellen müssen.

An Demenz erkrankte Senioren

Ein hoher Prozentsatz der Bewohner der Altenheime leidet an Demenz.

Das Gehirn ist ein Teil des menschlichen Körpers wie alle anderen Körperteile auch. Das bedeutet, dass auch das Gehirn der Alterung unterliegt. Beim zentralen Nervensystem sind die Auswirkungen des Alterungsprozesses sogar besonders gravierend. Alle anderen Körperzellen werden regelmäßig erneuert, indem ihre organischen Bestandteile durch den Stoffwechsel laufend ausgetauscht werden. Dieser Erneuerungsprozess findet bei den Nervenzellen sehr viel langsamer statt. Das ist notwendig, weil wir sonst schneller wieder verlieren würden, was über die Nervenzellen in unserem Gedächtnis gespeichert ist. Dadurch bleiben aber auch Störungen im Gehirn bestehen und bauen sich langfristig immer weiter auf.

Das medizinische Kunstwort »Demenz« baut sich auf aus dem lateinischen Wort *mens* für »Geist, Sinn, Mut« und der Vorsilbe *de*, die in diesem Zusammenhang »weg« bedeutet. Man könnte das Wort »Demenz« also laienhaft übersetzen als: »Der Geist ist weg.« oder: »Die Gehirntätigkeit ist eingeschränkt«.

Dieses Phänomen begegnet uns im Zusammenleben mit alten Leuten auf vielfache Weise:

- Bei einigen alten Menschen ist Demenz soweit fortgeschritten, dass sie das Bewusstsein von ihrer eigenen Person verloren haben.
- Andere Patienten haben nur ihr Kurzzeit-Gedächtnis verloren. Sie vergessen schnell, was sie gerade erst erlebt oder gehört haben. Aber an Ereignisse der Vergangenheit können sie sich noch verlässlich erinnern.
- Wieder andere haben nur die Fähigkeit verloren, Entscheidungen zu treffen und ihren Alltag selbstständig zu organisieren. Aber sie können weiterhin kluge und interessante Gespräche führen.
- Noch andere sind verwirrt und können die einzelnen Bruchstücke ihrer Erinnerung nicht mehr sinnvoll miteinander kombinieren.
- Manche haben auch gelernt, ihr Problem so zu überspielen, dass man im Gespräch eine Zeit lang kaum merkt, dass man einen an Demenz erkrankten Patienten vor sich hat.
- Man kann aber auch erleben, dass jemand wohl seine Sprache verloren hat und kein eigenes Wort mehr sagen kann, dabei aber die volle Klarheit der Gedanken behalten hat und alles versteht, was man ihm sagt. Dann kann Kommunikation immer noch über die Augen oder durch einen Händedruck stattfinden.

So wie die Erscheinungsformen von Demenz sind natürlich auch die Ursachen vielfältig. Nicht immer ist es die organische Krankheit Alzheimer. Oftmals ist die

Ursache einfach nur eine Durchblutungsstörung im Gehirn. Manchmal ist die Demenz Folge eines Schlaganfalls. Bei zahlreichen Patienten hat Demenz auch psychische Ursachen: Die Ursache ist dann vielleicht eine Altersdepression, deren Grund man nicht erkennen kann. Oder ein Patient leidet an einer posttraumatischen Störung, weil schwere Erfahrungen aus der Vergangenheit unverarbeitet geblieben sind.

Seelsorge ist Pflege für die Seele

Solange den Patienten ihre Einschränkung bewusst ist, leiden sie auch darunter. Wahrzunehmen, dass man dabei ist, die Kontrolle über sein eigenes Denken zu verlieren, kann eine äußerst beklemmende Erfahrung sein. Viele alte Menschen leiden deshalb unter Minderwertigkeitsgefühlen oder unter Lebensangst.

Es gilt dabei fast immer, was der Erfolgsautor Udo Baer mit dem Titel seines bekannten Buches zusammengefasst hat: »Das Herz wird nicht dement!«

Das bedeutet: Wenn die Fähigkeit, abstrakte Gedanken zu denken, abnimmt, dann bleibt die Fähigkeit, Gefühle zu erleben, noch lange bestehen. Gerade demenzkranke Menschen sind deshalb in besonderem Maße darauf angewiesen, dass die Bedürfnisse ihrer Seele gestillt werden. Wenn das Denken nachlässt, dann bleiben die emotionalen Fragen bestehen und verlangen umso drängender nach einer Antwort: »Was bin ich wert?« – »Macht mein Leben noch Sinn?« – »Ist jemand da, der mich liebt?« – »Kann mir jemand helfen, wenn ich Angst habe?« – »Wer hilft mir, meine dunklen Erinnerungen zu sortieren?« – »Gibt es im Leben auch für mich noch ein kleines bisschen Glück?« – »Kann jemand ahnen, wonach ich mich sehne, auch wenn ich es nicht mehr sagen kann?« – »Wer versteht noch meine unklaren Gedanken, die ich selber nicht mehr ordnen kann?« – »Muss ich allein sein, wenn ich einmal sterben werde?«

Alle diese Fragen der Gefühlsebene können nicht durch Erklärungen beantwortet werden. Eine Antwort kann nur auf der emotionalen Ebene hilfreich wahrgenommen werden. Der alte Mensch möchte positive Gefühle erleben, die seine Seele erfüllen.

Deswegen soll ein Gottesdienst mit alten Menschen nicht nur die Klärung von Gedanken beinhalten, sondern zugleich auch gute emotionale Erfahrungen ermöglichen.

Psychisch Kranke

Eine besondere Herausforderung sind psychische Erkrankungen. In vielen Heimen leben jüngere, psychisch kranke Menschen und pflegebedürftige alte Menschen nebeneinander. Das ist oftmals unvermeidbar und dennoch kein glücklicher Zustand. Gerade die Senioren, die selber unter den Einschränkungen ihres eigenen Alters leiden, haben nur geringe Möglichkeiten, sich bei ihren Mitmenschen auf Persönlichkeitsveränderungen durch psychische Erkrankungen einzustellen.

Als Seelsorger müssen wir uns selbst zugestehen, dass wir in den meisten Fällen keine hinreichende Ausbildung haben, um sachgerecht Psychotherapie zu betreiben. Wir sind keine Therapeuten.

Auf die Eigenarten von psychischen Erkrankungen können wir deshalb hier nicht eingehen.

Wenn sich psychisch kranke Menschen dennoch an unseren Gottesdiensten beteiligen wollen und dann dabei stören, dann sollten wir mit einer genügend großen Lockerheit darauf reagieren und – wenn möglich – versuchen, mit Humor und Schlagfertigkeit abwegige Äußerungen abzupuffern.

Blinde und Sehbehinderte

Eine ganze Reihe von Teilnehmenden an unseren Andachten sind aufgrund ihres hohen Alters sehbehindert oder blind. Deshalb verwende ich in den hier beschriebenen Gottesdiensten nur selten Bilder.

Eine Beschreibung von Bildern mit Worten kann zwar einen gewissen Ersatz bieten für das, was man nicht sehen kann. Wenn aber der Schwerpunkt einer Andacht auf Bildmaterial beruhen würde, dann würden die Blinden oder Sehbehinderten sich ausgegrenzt fühlen.

Die Sehbehinderten können aber meistens immer noch mehr oder weniger gut hören und so aktiv am Geschehen teilnehmen.

Ebenso können sie Objekte mit den Fingern erfühlen, die man ihnen in die Hand gibt.

Schwerhörige

Ebenso viele alte Menschen hören schwer oder ihnen fehlen beim Hören bestimmte Frequenzen, die sie nicht mehr wahrnehmen können.

Die Hörgeräte, die sie verwenden, sind oftmals eine Überforderung. Mal hat man die Hörgeräte vergessen, mal müssten die Geräte erst gereinigt werden, mal fehlt eine Batterie und kann nicht selbstständig eingesetzt werden. Mit diesen praktischen Problemen kann das Pflegepersonal selten Schritt halten.

Deshalb vermeide ich in den Altenheimgottesdiensten auch Einspielungen von Musik von der CD. Auch die besten tragbaren Musikanlagen können nicht ersetzen, was das altgewordene Ohr nicht mehr wahrnehmen kann.

Am besten verstanden wird immer noch eine laut und sauber gesprochene natürliche Sprache, ohne Mikrophon und ohne Lautsprecher oder Übertragungsanlage. Ebenso ist es bei den Liedern wichtig, dass wir als Seelsorger selbst laut und vernehmlich mitsingen. Es hilft sehr, wenn der Abstand zu den Hörern dabei möglichst gering gehalten wird. Deshalb haben die Schwerhörigen in den Andachten feste Plätze unmittelbar an meiner Seite. In Einzelgesprächen hilft es, wenn die Schwerhörigen den Sprecher unmittelbar anschauen können.

Warum »Erlebnisgottesdienste mit Seniorinnen und Senioren«?

»Erlebnisgottesdienste« nannte ich schon als Gemeindepastor spezielle Gottesdienste mit Kindern, Familien oder Konfirmanden, bei denen Aktionen, Anspiele und Symbolhandlungen den Zugang zur Predigt unterstützen sollten. Manche Ideen aus dieser Zeit habe ich später für die Gestaltung von Gottesdiensten mit Senioren übernommen.

Bei einem »Erlebnisgottesdienst mit Seniorinnen und Senioren« soll nicht mehr allein die theoretische Auseinandersetzung mit einem Thema im Mittelpunkt stehen. Die Botschaft soll ebenso auch emotional erlebbar werden.

Die gedankliche Entfaltung eines theologischen Themas mit dem Wort wird ergänzt durch Erfahrungen, die die Teilnehmenden während des Gottesdienstes machen können. Es geht in erster Linie nicht mehr darum, dass die Predigthörer die Darstellung eines Sachverhalts verstehen und ihr dann zustimmen können – oder auch nicht.

Wir wünschen uns vielmehr, dass unsere Gäste im Gottesdienst für sich erfahren, dass sie persönlich gemeint sind. Sie sollen die liebevolle Zuwendung Gottes für sich selber erfahren können. Dazu hilft es, wenn die Teilnehmenden im Gottesdienst einem liebevollen Menschen begegnen.

Es ist notwendig, die Senioren so anzusprechen, dass sie trotz ihrer altersgemäßen Einschränkungen noch möglichst viel von den dargebotenen Ereignissen wahrnehmen können. Es soll die positive Erfahrung überwiegen, im Gottesdienst etwas Großes und Wichtiges zu erleben.

Manche Leserinnen und Leser mögen bemerken, dass einige der hier beschriebenen Gottesdienstentwürfe wie eine Aneinanderreihung von Einzelgedanken wirken, bei der man die gemeinsame Botschaft nicht auf den ersten Blick erkennt.

Wenn man mit einem jungen, gesunden und intellektuell geschulten Denkvermögen darangeht, dann mag dieser Eindruck entstehen. Wir erwarten bei der Predigt in einem Gemeindegottesdienst ja auch eine klare Gedankenfolge, die von vorn bis hinten logisch durchdacht ist.

Ich habe aber bei Altenheimgottesdiensten im Laufe der Jahre meine Vorgehensweise verändert.

Entscheidend ist für mich jetzt nicht mehr nur der klare Gedanke des Gesamtkonzepts, sondern ebenso der Erlebniseffekt der einzelnen Elemente des Gottesdienstes, die sich für die Teilnehmenden wie zu einer Perlenkette aneinanderreihen und damit auf der emotionalen Ebene ein geschlossenes Ganzes bilden.

Als Vorbild mag vielleicht die Erfahrung im Konfirmandenunterricht gelten. Unruhige Jugendliche haben nur eine kurze Aufmerksamkeitsspanne. Man muss immer schon nach ein paar Minuten einen Methodenwechsel anbieten, um die Konfirmanden wieder neu zu interessieren und sie so zu aktivieren. Sonst ist man als Unterrichtender verloren. Dabei kommt manchmal inhaltlich die klare Linie etwas abhanden. Das ist aber nicht so schlimm, wenn man nur erreicht, dass die Teilnehmenden die Stunde insgesamt als interessant und attraktiv erleben.

So soll es auch bei meinen Erlebnis-Gottesdiensten mit Senioren sein. Es kommt darauf an, dass wir eine Brücke zu den Herzen finden. Dazu ermöglichen wir den Teilnehmenden positive Erfahrungen und Erlebnisse, die dann auch inhaltlich gedeutet werden.

Hier ein Beispiel: Zu Beginn eines Gottesdienstes im Heim gebe ich einer Dame eine alte, von Seifenlauge verblichene Wäschezange aus Holz in die Hand. Mit so einem Werkzeug hat sie früher beim Waschen die heiße Wäsche aus dem mit offenem Feuer geheizten Mauerkessel herausgefischt. Dabei wird bei ihr die Erinnerung an ihre schwere Arbeit als Hausfrau wieder wach. Darauf sage ich ihr: »Dein Leben war anstrengend. Diese harte Arbeit war aber unter den damaligen Bedingungen notwendig. Sie war wichtig und sinnvoll.« Dann singe ich mit ihr das dazu passende alte Kinderlied »Zeigt her eure Füße, zeigt her eure Schuh, und schauet den fleißigen Waschfrauen zu«. Dabei erinnert sie sich daran, wie in ihrem Leben unter der Arbeit immer auch Freiräume vorhanden waren, in denen sie fröhlich ihre Kinder erziehen konnte. Dann ist es nur noch ein kleiner Schritt, ihr in einer Kurzpredigt zu vermitteln: »Du bist in den Augen Gottes ein wertvoller Mensch!« (Vgl. unten im Gottesdienstentwurf Nr. 19)

Wenn ich die gleichen Worte ohne die Erlebnisphase predigen würde, dann würden sie nicht so weit unter die Haut gehen und vielleicht von dem müden Gehirn gar nicht mehr aufgenommen werden.

Ich suche also bei der Vorbereitung meiner Gottesdienste nicht nur nach Gedanken, die es zu klären gilt, sondern ebenso nach Ereignissen mit einem hohen emotionalen Erlebnisgehalt. Meistens finden dann das Erlebnis und die inhaltliche Deutung ganz von allein zueinander.

Ich beobachte immer wieder, dass die Teilnehmerinnen und Teilnehmer dieser Gottesdienste dabei tief berührt werden.

Die wichtigsten Gestaltungsmittel in einem Erlebnisgottesdienst

Die Möglichkeiten, einen Erlebnisgottesdienst zu gestalten, sind vielfältig. Der Phantasie sind keine Grenzen gesetzt:

- Elemente der bekannten Kultur des Gemeindegottesdienstes:
  - Regelmäßig wiederkehrende liturgische Elemente aus dem Gemeindegottesdienst eröffnen einen spirituellen Raum in der Gegenwart Gottes. Es wird dabei nicht langweilig, immer wieder die gleiche Liturgie zu singen.
  - Gemeinsam gesungene bekannte Lieder vermitteln das Gefühl, noch persönlich mitschwingen zu können.
  - Gebete zur Situation und zum Thema des Gottesdienstes.
- Objekte, die man zeigen und den Einzelnen in die Hand geben kann, regen den Geist an und wecken Erinnerungen. Dazu können zum Beispiel gehören:
  - Alltagsgegenstände aus früherer Zeit;
  - Blumen, Zweige und besondere Fundstücke aus der Natur entsprechend der gerade erlebten Jahreszeit;
  - Figuren und kleine Kunstwerke;
  - Gegenstände, die eine nachdenkliche Geschichte erzählen;
  - Symbole unserer christlichen und kirchlichen Tradition;
  - Alltagsgegenstände aus heutiger Zeit, zu denen die Heimbewohnerinnen ohne uns keinen Zugang mehr hätten.
- Aktionen, die gute oder nachdenkliche Erfahrungen ermöglichen:
  - Kostproben von frischen, in der Jahreszeit geernteten Früchten, von einem frischen Brot oder von einem nur noch selten zugänglichen Getränk;
  - der Vortrag von inhaltlich aussagekräftigen Liedern oder Musik – auch dann, wenn die Gottesdienstteilnehmer dabei nicht mitsingen können;
  - Symbolhandlungen wie das gemeinsame Anfassen an einem im Kreis verknoteten Seil als Zeichen für eine neu entstandene Gemeinschaft;
  - das Berühren von Taufwasser als persönliche Form der Tauferinnerung;
  - die Feier des Abendmahls;
  - Zeichen der persönlichen Zuwendung: Ein Gruß, ein Zuspruch, ein Händedruck, eine Handauflegung oder Salbung mit Öl.
- Geschichten aus dem Leben, die helfen, das Thema des Gottesdienstes zu illustrieren. Besonders schön ist es, wenn der Prediger sagen kann, dass er die Geschichte selbst erlebt hat. In einer vertrauensvollen Atmosphäre kann es auch mal sein, dass man in Absprache eine Geschichte weitergibt, die man vorher in einem Einzelgespräch von einer Heimbewohnerin gehört hat.

Man könnte auch von »Verweilgottesdiensten« sprechen

Seniorinnen und Senioren im Altenheim haben viel Zeit. Und es fällt ihnen schwer, immer wieder etwas Neues zu beginnen. Wenn eine Aktion ihnen gefallen hat, möchten sie darin gern noch ein wenig verweilen. Es darf noch etwas Zeit vergehen, in der nachwirken kann, was man gerade erlebt hat.

Ein seniorengerechter Gottesdienst wird den Teilnehmenden nicht langweilig.

Das gilt auch, wenn es innerhalb des Programms einmal einen kurzen Leerlauf gibt, weil sich der Seelsorger für kurze Zeit einer einzelnen Person zuwendet, um ihr die mitgebrachten Objekte persönlich zu zeigen. Das ist zum Beispiel bei Blinden, Schwerhörigen oder stark an Demenz erkrankten Teilnehmerinnen sinnvoll.

Ebenso ist es nicht schlimm, wenn jemand von den Teilnehmenden für einen kleinen Moment müde wird und nicht weiter aufmerksam bleiben kann. Er bleibt ja dabei und verweilt weiterhin im Gottesdienst wie in einem Raum, der von der Gegenwart Gottes erfüllt ist. Es gibt dann im weiteren Verlauf meistens wieder neue Akzente, die das Interesse und die Aufmerksamkeit noch einmal von Neuem wecken können.

Es ist gut, wenn man als Prediger oder Predigerin vor Beginn so rechtzeitig kommt, dass vorab schon Raum für die persönliche Begegnung mit einzelnen Teilnehmenden ist. Sie haben es gern, wenn sie miterleben können, wie alles Notwendige für den Gottesdienst vorbereitet und hergerichtet wird. Dabei kann man auch schon damit beginnen, locker darüber zu plaudern, was gerade geschieht oder geschehen wird.

Und auch nach dem offiziellen Ende verweilen die Teilnehmenden gern noch eine Zeit lang im Raum und lassen das Erlebte und Gehörte nachklingen. Der Pastor braucht ja auch noch ein bisschen Zeit, um die mitgebrachten Materialien wieder einzupacken.

Hin und wieder entstehen unmittelbar im Anschluss an den gerade erlebten Gottesdienst noch bewegende Gespräche mit einzelnen Teilnehmerinnen.

Die Teilnehmerinnen und Teilnehmer unserer Gottesdienste

Nur ein kleiner Teil der Bewohnerinnen und Bewohner eines Heimes nimmt an unseren Angeboten teil.

Manche würden vielleicht gern teilnehmen. Sie sind aber nicht mehr so mobil, dass sie es lange außerhalb ihres Zimmers aushalten könnten. Manche sind so verwirrt, dass sie auch einem noch so seniorengerecht gestalteten Programm nicht mehr folgen könnten. Wieder andere haben sich im Laufe ihres Lebens bewusst entschieden, sich nicht als Christen zu verstehen. Deshalb nehmen sie auch im Alter nicht an christlichen Angeboten teil.

Manche sind aber auch schon vor dem Gottesdienst im Tagesraum der Wohngruppe anwesend, in dem die Feier regelmäßig stattfindet. Dort ist auch sonst ihr ständiger Sitzplatz. Sie hätten sich vielleicht nicht zum Gottesdienst auf den Weg gemacht. Da sie aber schon mal da sind, nehmen sie auch teil.

Die meisten, die kommen, sind motiviert und kommen gern. Davon können wir mit einiger Sicherheit ausgehen.

Dennoch sind viele Teilnehmende davon abhängig, dass sie gebracht werden. Zumindest ist es hilfreich, wenn sie von den Pflegern oder den Betreuerinnen erinnert oder kurz vor Beginn noch einmal auf den Gottesdienst angesprochen werden.

Die geistigen Fähigkeiten sind bei den Teilnehmern ganz unterschiedlich. Manche sind nur physisch anwesend. Andere nehmen jedes gesprochene Wort und jede Aktion, die stattfindet, mit großem Interesse auf und sind dabei ganz wach. Wir müssen uns also darauf einstellen, dass wir mit unserem Angebot nicht zu schwierig, aber auch nicht zu seicht sind.

Etwa ein Drittel der Teilnehmenden sitzt im Rollstuhl. Die meisten der anderen kommen mit dem Rollator.

Der zeitliche Rahmen

Die hier vorgestellten Gottesdienste dauern ungefähr 45 bis 60 Minuten. Das ist unterschiedlich, je nachdem, wie aufwendig die Erlebnisphase gestaltet wird. Ebenso kann es zu Verzögerungen kommen, wenn die Gruppe besonders groß ist. Das wird aber von den Teilnehmenden nicht als störend empfunden, wenn es immer wieder etwas Interessantes zu erleben gibt. Und wenn jemand kurzfristig einschläft, dann ist das auch nicht tragisch.

Die Beschaffung der benötigten Materialien

Sicherlich ist die Beschaffung von Anschauungsmaterial für Erlebnisgottesdienste mit einem gewissen Aufwand verbunden. Da mag mancher zögern, sich auf die hier beschriebene Arbeitsweise einzulassen. Dabei ist der Aufwand bei jedem der vorgestellten Gottesdienste durchaus unterschiedlich.

- Für einige Andachten ist nur ein kleiner Spaziergang in der Natur nötig, um das notwendige Anschauungsmaterial zu sammeln.
- Manche Anschauungsstücke habe ich im Laufe der Jahre so nebenbei festgehalten.
- Andere Andachten basieren auf Alltagsgegenständen, die jeder im Hause hat.
- Manches schöne Stück kann man sich vielleicht irgendwo ausleihen, in einem Heimatmuseum, bei Freunden oder in der Kirchengemeinde.
- Einige Teile findet man auf dem Flohmarkt oder bei Haushaltsauflösungen.
- Andere Stücke stehen längst im eigenen Vitrinen-Schrank; man hat sich nur noch nicht genügend Gedanken darüber gemacht, welche spannende Geschichte sie erzählen.

Am leichtesten ist es, wenn man es sich zur ständigen Gewohnheit macht, die Augen offenzuhalten. Dann findet man jeden Tag irgendeinen interessanten Gegenstand, den man in einem Altenheimgottesdienst zeigen kann.

Objekte zum Begreifen

Die deutsche Sprache kennt das schöne Wort »begreifen«. Wenn man einen Gegenstand mit den Fingern greifen kann, ihn also berühren und abtasten darf, dann kann man am ehesten »begreifen«, also »verstehen«, was das Besondere daran ist. Die Menschen nehmen die Welt viel mehr mit den Händen wahr, als ihnen bewusst ist. Das gilt natürlich im Besonderen für die Sehbehinderten, aber ebenso für die Schwerhörigen. Deshalb gebe ich die Gegenstände, die ich verwende, den Menschen gern in die Hand, damit sie fühlen und ertasten können, was es damit auf sich hat.

Unsere Sprache

Wir müssen großen Wert auf unsere Sprache legen. Es ist wichtig, dass wir »laut, langsam, leicht und lebendig« sprechen.

- Man sollte sich angewöhnen, bei einer Andacht mit Senioren etwa doppelt so laut zu sprechen, als es sonst als »Zimmerlautstärke« gebräuchlich ist. Es ist für uns nur eine Frage des Trainings, dies über einen längeren Zeitraum durchzuhalten. Schön ist es, wenn es einem gelingt, dabei trotz der Lautstärke volltönend und mit Resonanz zu sprechen, damit die Stimme warm und nicht schrill klingt. Dazu empfiehlt es sich, die Stimme vor dem Gottesdienst vorzubereiten, so wie ein Sportler sich vor dem Wettkampf warm macht. Ich empfinde es dabei als hilfreich, auf der Fahrt zum Altenheim im Auto schon leise für mich zu singen. Dann wird man beim »Auftritt« auch nicht so leicht heiser.
- Ebenso wichtig ist es, langsam zu sprechen. Dann sind unsere Worte nicht nur für die Ohren leichter zu verstehen, sondern auch der Inhalt kommt besser an. Dazu gehört es, dass wir sehr sorgfältig und sauber aussprechen. Wer nicht so laut sprechen kann, der wird dennoch verstanden, wenn er sich um eine klare und akzentuierte Artikulation bemüht.
- Unsere Sprache im Altenheim muss »leicht« sein. Es gibt heute eine ganze Bewegung, die sich um eine »leichte Sprache« bemüht. Das ist im Altenheim allein schon wegen der dementen Personen notwendig, die bei unseren Andachten dabei sind. Fast alle Teilnehmerinnen und Teilnehmer hatten früher eine bessere Auffassungsgabe als nun im hohen Alter.
  Es wird nicht möglich sein, dass alle Anwesenden alle dargebotenen Gedanken aufnehmen. Das ist zu akzeptieren. Wir können aber versuchen, durch eine leichte Sprache so verständlich wie möglich zu sein. Dazu gehört, dass wir kurze Sätze bilden, Fremdwörter vermeiden und anschauliche Geschichten erzählen.
- Unsere Sprache muss lebendig sein. Es kommt auf den direkten Kontakt zu den Zuhörenden an. Am besten, wir sprechen frei und machen uns so wenig wie möglich von einem schriftlichen Konzept abhängig. Dann können wir unser Publikum anschauen. Wir nehmen jede Reaktion unmittelbar wahr und können gleich darauf eingehen. Und die Teilnehmenden haben das Gefühl, sie sind ganz direkt angesprochen und persönlich gemeint.

Umgang mit Störungen

Wir müssen mit den Defiziten leben, die bei den Teilnehmerinnen und Teilnehmern aufgrund ihres Alters oder aufgrund ihrer Krankheiten gegeben sind. Wenn wir schlagfertig genug sind, können wir mit jedem Zwischenruf fertig werden, auch wenn er noch so unpassend erscheint. Wir sollten lernen, dabei einen sehr langen Atem zu haben. Wenn wir kurz unterbrechen und auf einen Nebengedanken eingehen, dann vermitteln wir dem Betreffenden damit nebenbei auch das Gefühl: »Du bist uns wichtig – so wie du bist«. Den anderen Teilnehmenden kann man zumuten, die Unterbrechung für eine kleine Weile auszuhalten.

Nur in seltenen Fällen ist unter den Bewohnern, die zu uns gebracht werden, jemand dabei, der nachhaltig und auffallend stört und aufgrund seiner Erkrankung auch nicht mehr auf eine Intervention reagieren kann. Dann kann es schon mal sein, dass man um der anderen willen entscheiden muss, jemanden durch das Pflegepersonal wieder abholen zu lassen.

Allgemeingültig gestaltete Inhalte

Vor langer Zeit habe ich sechs Jahre lang in der evangelisch-lutherischen Kirche in Brasilien gearbeitet. Die Kirche dort hatte einmal das Motto ausgegeben: »Wir wenden uns an alle Menschen – und an den ganzen Menschen.« Dieser Grundsatz kann auch für unsere Arbeit in Altenheimen gelten.

In vielen Einrichtungen sind nur etwa die Hälfte der Bewohner Mitglied unserer evangelischen Kirche.

Man kann zwar damit rechnen, dass die Menschen früher öfter und regelmäßiger in Gottesdienste gingen als heute. Wer in früheren Jahren daran teilgenommen hat, wird sich vielleicht auch im Alter noch bei der Kirche wohlfühlen und die gewohnten Formen und Lieder genießen.

Im Heim lassen sich nun aber auch manche Bewohner motivieren, an unseren Angeboten teilzunehmen, die vorher in ihrer bisherigen Umgebung nicht in die Kirche gegangen sind. Wir können also nicht voraussetzen, dass alle Teilnehmenden unserer Gottesdienste mit dem christlichen Glauben vertraut sind. Das ist für uns eine Chance, aber auch eine Begrenzung.

Wir müssen sogar damit rechnen, dass einige dem Christentum gegenüber ausdrücklich eine kritische Haltung einnehmen. Ein Umdenken ist den meisten aufgrund ihres hohen Alters nicht mehr möglich.

Ich habe aber die Erfahrung gemacht, dass es sehr gut möglich ist, die Inhalte des christlichen Glaubens im Altenheim so anzubieten, dass sie von fast allen Menschen angenommen werden können.

Ökumenische Weite

Gottesdienste, zu denen die evangelische Kirche im Heim einlädt, sollten so gestaltet sein, dass sich fast alle Menschen willkommen fühlen können.

Das gilt natürlich gerade auch für katholische Teilnehmende. Sie haben sogar oftmals ein besonderes Bedürfnis nach spirituellen Erfahrungen. Deshalb nehmen sie gern auch an unseren evangelischen Feiern teil, wenn die katholische Kirche vor Ort kein Angebot für sie machen kann. Sie werden aber in der Regel nicht bei uns das Abendmahl empfangen wollen.

Ebenso nehmen die Mitglieder von Freikirchen gern an unseren Angeboten teil. Das Gleiche gilt für Menschen, die zur Neuapostolischen Kirche gehören. Wenn sie spüren, dass sie in unseren Gottesdiensten willkommen sind und »Nahrung für die Seele« bekommen, werden sie immer wieder kommen. Dafür sollten wir offen sein.

In einem Fall nahm sogar eine demenzkranke Muslima mit Kopftuch lange an unseren Gottesdiensten teil. Die Angehörigen hatten nichts dagegen. Warum sollte sie also nicht bleiben?

Bei allem bleibe ich aber der evangelisch-lutherischen Prägung treu, weil in meinem Arbeitsbereich die meisten Teilnehmenden gerade die bekannten traditionellen Formen unserer Kirche lieben.

Themen, die Seniorinnen und Senioren bewegen

Alte Menschen blicken bereits auf ein langes Leben zurück. Wenn das Gedächtnis es zulässt, leben sie weitgehend in der Erinnerung an vergangene Tage. Immer wieder werden gute, aber auch schwierige Erfahrungen in ihnen lebendig.

Deshalb bewegt es sie emotional sehr, wenn wir sie unsererseits an die Lebensverhältnisse und an Ereignisse ihrer Jugend erinnern. Wenn wir ihnen Alltagsgegenstände früherer Jahre mitbringen oder ihnen Geschichten aus der Zeit von damals erzählen, werden die Erfahrungen, die sie gemacht haben, in ihrer Erinnerung wieder wach. Das erleben sie oft als Reichtum, aber manchmal auch als eine große Herausforderung.

Wir Menschen müssen die guten und die schweren Erfahrungen, die wir im Laufe des Lebens machen, immer wieder neu verarbeiten. Dabei können Seelsorger mit Gesprächen und mit Gottesdiensten vielleicht ein wenig hilfreich sein.

In unseren Gottesdiensten im Heim sollten die Fragen behandelt werden, die Menschen im hohen Alter bewegen:

- Wie kann ich verarbeiten, was ich im Laufe meines langen Lebens erlebt habe?
- Wie kann ich mit der Einsamkeit weiterleben, da mein Ehepartner und viele meiner Freunde und Weggefährten schon gestorben sind?
- Wie werde ich damit fertig, dass ich immer weniger leistungsfähig bin?
- Wie kann ich lernen, mit meinen Behinderungen und meiner Schwäche zu leben?
- Wie kann ich lernen, Hilfe anzunehmen, ohne dabei meine Selbstachtung zu verlieren?
- Wie kann ich noch einmal etwas Schönes erleben?
- Wie kann ich die Bande zu meinen Lieben aufrechterhalten, die weit weg wohnen und selten zu Besuch kommen können?
- Welchen Sinn macht das Leben noch unter diesen veränderten Verhältnissen?
- Wie wird es sein, wenn ich einmal sterbe?

Auseinandersetzung mit dem Tod

Im Altenheim ist das Sterben eine tägliche Lebenswirklichkeit.

Menschen, die sich vorher nicht kannten, leben auf engstem Raum zusammen. Sie nehmen sich gegenseitig wahr. Es entstehen neue Bekanntschaften, vielleicht sogar Freundschaften. So nehmen die Bewohnerinnen und Bewohner auch Anteil daran, wenn jemand schwächer wird und wenn er stirbt.

Es gibt in den Heimen, je nach der »Philosophie des Hauses«, eine mehr oder weniger deutlich ausgeprägte Erinnerungskultur oder Rituale zur Verabschiedung. Manche Heime versuchen, sich dabei eher zurückzuhalten. Aber ausklammern kann man den Tod nicht. Irgendwann fehlt ein bekanntes Gesicht und man erfährt: Er oder sie ist nicht mehr bei uns. Trauer und Abschiedsschmerz gehören also zum Leben im Altenheim unausweichlich dazu.

Dabei entsteht bei jedem Bewohner und jeder Bewohnerin auch die bange Frage: »Wann bin ich an der Reihe?«

Christliche Gottesdienste im Altenheim dürfen diese wichtige, ernste Frage also nicht übergehen.

Es kommt aber darauf an, wie wir die Auseinandersetzung damit gestalten.

In einem für mich gangbaren Weg versuche ich, mit ein wenig Humor und Lebensfreude das Nachdenken über den Tod und das Nachdenken über das Leben miteinander zu verbinden. So sind die ernsten Themen rund um den Tod am leichtesten verkraftbar.

Der Himmel öffnet sich

Wenn der Tod als Lebensthema im hohen Alter unausweichlich ist, dann stellt sich immer wieder auch die Frage, was danach kommt. Wer hätte dazu hilfreichere Bilder zur Verfügung als wir Christen mit unserer biblischen Tradition?

Deshalb spreche ich in den Gottesdiensten ganz unbefangen von der Freundlichkeit Gottes, von Barmherzigkeit und Vergebung – und davon, dass Gott uns auch noch lieben wird, wenn wir einmal gestorben sind. Ich erzähle gern die bekannten Jesus-Geschichten und klammere dabei die Kreuzigung und Auferstehung nicht aus. Dabei entsteht die sichere Gewissheit, dass auch wir nach unserem Tode mit ihm leben werden.

Musik

Mit Musik erreichen wir die Herzen der Menschen auch jenseits der abstrakten Gedanken. Instrumentalstücke können am Anfang und am Ende den Rahmen eines Gottesdienstes bilden. Dabei ist Live-Musik immer besser als eine Einspielung von der CD. Entscheidend ist das Ereignis. Deshalb wird eine Musik, die gerade im Moment entsteht, trotz mancher Einschränkungen beim Hören meistens immer noch wahrgenommen. Unser Musizieren muss dabei nicht perfekt sein.

Gemeinsames Singen

Am wertvollsten ist es, mit den Teilnehmenden gemeinsam zu singen. Schön sind die alten bekannten Lieder, die sie in ihrer Jugend einmal gelernt haben. Über den Klang werden auch die Inhalte der Lieder wieder lebendig. In der kirchlichen Andacht sind natürlich zunächst die Klassiker aus dem Gesangbuch gefragt. Aber auch manches Volkslied oder manch alter Schlager ist geeignet, wenn es sich inhaltlich anbietet.

Schön ist natürlich eine gekonnte Begleitung auf einem Tasteninstrument. Ich selber habe fast immer meine Gitarre dabei und begleite damit auch die Choräle – mit Akkorden angeschlagen oder in Einzeltöne aufgelöst. Eine eingespielte Playback-CD kann im Zweifel aber auch eine live gespielte Begleitung ersetzen, wenn dazu gesungen wird.

Am wichtigsten ist, dass man selber kräftig mitsingt. Wir erreichen die alten Menschen dabei am besten direkt mit unserer natürlichen, unverstärkten Singstimme. Wem das nicht gegeben ist, der sollte sich nicht scheuen, Leute aus der Gemeinde zu bitten, an den Andachten im Altenheim teilzunehmen, um beim Singen zu helfen.

Wir singen in der Regel in jeder Andacht drei Lieder und die Liturgie.

Liturgie

In der Regel gehört bei mir zu einem Gottesdienst im Altenheim auch die gesungene und gesprochene Liturgie des Hauptgottesdienstes dazu:

Als Eingangsliturgie:

- Musik,
- Psalm,
- Ehr sei dem Vater und dem Sohn …,
- Kyrie eleison,
- Allein Gott in der Höh sei Ehr,
- Gebet.

Und zum Schluss:

- Gebet,
- Vaterunser,
- ein gesprochener Segen mit ausgebreiteten Armen,
- Musik.

Wir haben immer einige Teilnehmende, die diese Texte auswendig mitsprechen oder mitsingen können. Es tut ihnen wohl, die gewohnten Formen immer wieder zu durchleben. Und wer die alte Liturgie nicht mehr inhaltlich nachvollziehen kann, merkt dabei trotzdem: Hier ist Kirche. Wir feiern ein Fest in der Gegenwart Gottes. Hier bin ich bei Gott zuhause.

Das Apostolische Glaubensbekenntnis verwende ich allerdings nicht. Es wäre ein zu großer, auswendig zu sprechender Block im Gottesdienst. Die meisten wären damit überfordert. Die damit verbundenen negativen Gefühle kann man vermeiden. Auch sollte man eine offensichtliche Bekenntnissituation umgehen. Eine eindeutige Festlegung auf diese altkirchlichen Formulierungen ist meiner Ansicht nach im Altenheimgottesdienst nicht mehr nötig.

Liedblätter

Liederbücher und Gesangbücher sind für viele alte Menschen eine Überforderung: Die Bücher sind meistens so schwer, dass die Bewohner sie nicht mehr gut in der Hand halten können. Die Schrift ist für die alten Augen auch bei der Großdruckausgabe des Gesangbuches immer noch zu klein. Und die angesagten Liednummern richtig aufzuschlagen, ist für viele eine unlösbare Aufgabe. Wir sollten auch hier vermeiden, durch diese Überforderungssituation negative Gefühle auszulösen.

Deshalb bin ich dazu übergegangen, für jede Andacht ein eigenes Liedblatt am PC anzufertigen und in der benötigten Auflage auszudrucken. Dafür habe ich inzwischen die wichtigsten Liedtexte übersichtlich abgespeichert. Wer Schriftgröße 18 verwendet, kommt bei drei Liedern in der Regel mit Vorder- und Rückseite eines einzigen DIN-A4-Blattes aus. Manchmal ist auch noch Platz für die Liturgie.

Etwa die Hälfte der Teilnehmenden ist aber auch mit diesem weitgehend seniorengerecht gestalteten Liedblatt noch überfordert. Das macht nichts. Sie singen dann auswendig mit, was sie kennen, oder hören ansonsten zu und genießen den Gesang der anderen.

Wenn man die Liedblätter wieder einsammelt, kann man sie später erneut verwenden.

Die Gruppengröße

In meinen regelmäßigen Gottesdiensten ergibt sich fast immer eine Gruppenstärke von zehn bis zwanzig Personen. Das ist ideal. So kann man mit der Naturstimme die Teilnehmenden direkt erreichen und zu jedem einen persönlichen Kontakt aufnehmen. Wenn die Gruppen auf Dauer größer werden sollten, dann müsste man gegensteuern und weitere Termine anbieten, z. B. einen eigenen Gottesdienst für jeden Flur oder jede Wohngruppe.

Der gottesdienstliche Raum

Nur in seltenen Fällen steht in einem Altenheim eine extra für den Gottesdienst eingerichtete Kapelle zur Verfügung. Wir müssen also meistens mit einem anderen Aufenthaltsraum oder sogar mit dem Speisesaal zurechtkommen. Da sind Störungen durch das Personal und durch den laufenden Betrieb des Heimes unvermeidlich.

Man kann darum bitten, Rücksicht zu nehmen und vielleicht ein Schild: »Bitte nicht stören!« an die Tür hängen. Aber wir müssen auch lernen, relativ locker damit umzugehen, wenn doch mal jemand durch den Gottesdienstraum laufen muss, um zu einem der Zimmer dahinter zu gelangen.

In der Regel können wir bei Personal und Besuchern eine sehr hohe Wertschätzung für unsere Gottesdienste voraussetzen.

Die Sitzordnung

Am besten geeignet für unsere Gottesdienste ist eine Sitzordnung im Kreis. Dann kann man zu allen Teilnehmenden Blickkontakt herstellen und sie auch mal einzeln direkt ansprechen. Besonders wichtig ist die Anordnung in einer geschlossenen Runde, wenn Objekte von Hand zu Hand weitergegeben werden sollen. Hin und wieder gehe ich auch selber in die Runde und zeige einzelne Objekte jedem Einzelnen persönlich.

Ein Kreis ist natürlich auch günstig für die Feier des Abendmahls.

Der Altar

Ein Altar als optischer Mittelpunkt ist eine große Hilfe. Die Teilnehmerinnen und Teilnehmer unserer Gottesdienste sind es so gewohnt aus ihren Gemeinden. Mit einem Altar in der Mitte kann man auch leichter erlebbar machen, dass der Speisesaal oder der Tagesraum der Wohngruppe für eine bestimmte Zeit umgewidmet und für uns zur Kirche geworden ist.

Als Grundausstattung gehören auf den Altar:

- ein Blumenstrauß als Symbol für den Schöpfer, der uns das Leben gegeben hat;
- ein Kreuz zur Erinnerung an Jesus, der sich für uns in den Tod gegeben hat, weil er uns liebt;
- eine brennende Kerze als Symbol für den Heiligen Geist, der in unserer Mitte gegenwärtig ist.

Es ist schön, wenn man den Altar vor den Teilnehmenden aufbaut und dabei die Bedeutung der Symbole kurz erklärt.

Der Altar dient auch als Fläche, um Objekte sichtbar abzulegen, die in einem Erlebnisgottesdienst gezeigt und verwendet werden. So kann der Altar am Ende einer Erlebnisphase reich geschmückt sein als eine »Installation« von bedeutungsvollen Gegenständen. Indem sie bis zum Ende des Gottesdienstes für alle sichtbar bleiben, wirken sie nach, auch wenn wir uns schon wieder anderen Themenfeldern zugewandt haben.

Natürlich dient der Altar auch als Mittelpunkt für die Abendmahlsfeier.

Ich habe dafür einen kleinen runden Tisch, den ich leicht transportieren und in jedes Heim mitnehmen kann. Dazu gehört eine passende weiße Tischdecke.

Weitere Hilfsmittel

Mit zur Ausstattung gehören verschiedene offene Körbe und dekorative Koffer, in denen ich die Objekte, die ich zeigen möchte, transportieren kann. Dann sind sie auch gleich übersichtlich angeordnet und bereit, um im Gottesdienst präsentiert zu werden.

Hin und wieder nehme ich ein Gurkenglas ohne Etikett mit als einfache Vase. Dann kann ich mitgebrachte Blumensträuße im Heim lassen als eine Dekoration, die weiterhin an den Gottesdienst erinnert.

Und natürlich gehört ein leichter Notenständer für das Singen und als transportables Lesepult zur Ausstattung dazu.

Mein Talar

Da ich Pastor bin, trage ich im Gottesdienst fast immer den bei uns üblichen schwarzen Talar. So waren die Bewohnerinnen und Bewohner den Pastor aus früheren Jahren gewohnt.

Das Amtsgewand klärt die Situation: Wenn der Pastor den Talar anzieht, dann beginnt der offizielle Teil des Gottesdienstes.

Gottesdienste, die von Ehrenamtlichen ohne Talar geleitet werden, sind natürlich nicht weniger wertvoll.

Abendmahlsfeiern

Abendmahlsfeiern sind besonders geeignet, um das Herz anzurühren.

Wir können die Theologie, die das Abendmahl begründen soll, sicherlich nicht bis in die Tiefe geistig durchdringen. Das ist auch für jüngere Menschen nicht möglich.

Die Teilnahme am Abendmahl schafft aber einen Zugang zum christlichen Glauben, den wir auf dem Wege des Denkens nicht erreichen können. Wer am Abendmahl teilnimmt, empfängt das Heil in Christus wie ein Geschenk, das er sich nicht verdient hat. Wer im Rahmen der Feier gegessen und getrunken hat, der weiß: »Es ist etwas geschehen. Ich bin dabei gewesen. Was gesagt worden ist und was ausgeteilt worden ist, das gilt auch für mich. Nun habe ich Frieden mit Gott!«

Durch die objektive Tatsache der Teilnahme ereignet sich gleichzeitig eine tiefe subjektive und damit emotionale persönliche Beteiligung.

Damit ist das Abendmahl eine besonders seniorengerechte Form des christlichen Gottesdienstes. Das Abendmahl ist also ein »Erlebnisgottesdienst« im eigentlichen Sinne des Wortes.

Dennoch biete ich in meiner gottesdienstlichen Praxis im Altenheim Abendmahlsfeiern nur etwa zweimal im Jahr an.

Zum einen kennen manche Senioren, die heute in den Heimen sind, das Abendmahl noch von früher her als etwas so Heiliges, dass man es gar nicht öfter feiern sollte. Dieses Konzept möchte ich respektieren. Zum anderen nehmen an den Gottesdiensten immer wieder Menschen teil, die schon soweit dement und in ihrer Wahrnehmung eingeschränkt sind, dass sie das Abendmahl nicht mehr bewusst und persönlich für sich aktiv begehren könnten. Ich möchte deshalb nach Möglichkeit vermeiden, dass jemand das Sakrament empfängt, der unter anderen Umständen nicht für sich entschieden hätte, darum zu bitten.

Es hat sich bewährt, im Vorfeld sehr deutlich bekannt zu geben, dass im kommenden Gottesdienst Abendmahl gefeiert wird. Dazu können die Pflegekräfte einen wichtigen Beitrag leisten.

In einem besonders kleinen Heim, in das ich gehe, ist überhaupt nur ein einziger Tagesraum vorhanden, in dem fast alle Bewohner gemeinsam den Tag verbringen. Hier vermeide ich ein Abendmahl mit allen. Es würden sonst Personen zur Teilnahme am Abendmahl »genötigt« werden, die außerhalb des Heimes den Abendmahls-Empfang für sich abgelehnt hätten. Zu einer Entscheidungssituation muss es im hohen Alter nicht mehr kommen. Als Alternative biete ich in diesem Heim eine Abendmahlsfeier an, die im Stillen im kleinen Kreise in einem der Schlafzimmer stattfindet. So kann ich sicherstellen, dass nur die Bewohner dabei sind, die das Abendmahl auch wirklich bewusst empfangen möchten.

Da fast alle Bewohner Medikamente nehmen, ist es sinnvoll, grundsätzlich alkoholfrei Abendmahl zu feiern. Trotz aller Versuche mit Einzelkelchen habe ich mich wieder dafür entschieden, mit einem Gemeinschaftskelch zu feiern und den Kelch dabei mehrfach zu reinigen.

Persönliche Begegnungen am Ende eines Gottesdienstes

Zuwendung ist der größte Schatz, den wir in der Altenseelsorge anbieten können. Deshalb verabschiede ich gern jede Teilnehmerin und jeden Teilnehmer persönlich, indem ich sie an den Händen fasse und sie dabei mit einem persönlichen Zuspruch grüße, wie zum Beispiel: »Schön, dass Du da bist!« oder »Schön, dass Du geboren bist!« oder »Gut, dass wir Dich haben!« oder »Es segne Dich der lebendige Gott!«

Fast immer erlebe ich dann eine dankbare Reaktion. Auch schwer an Demenz erkrankte Teilnehmerinnen, die während des Gottesdienstes wie teilnahmslos dabeisaßen, antworten nun mit einem Lächeln oder mit einem Händedruck.

Einzelgespräche

Neben Gottesdiensten sind Besuche und Einzelgespräche genauso wichtig.

Ich versuche, die Bewohnerinnen und Bewohner, die Glieder unserer Kirche sind, mindestens einmal im Jahr zu ihrem Geburtstag zu besuchen. Das ist nur möglich bei einer klaren Absprache mit dem

Besuchsdienst der örtlichen Kirchengemeinde und dem zuständigen Kirchenbüro. Leider werden nicht alle Heimbewohner für den neuen Wohnort beim Einwohnermeldeamt angemeldet. So entsteht immer wieder die Situation, dass wir von einem Geburtstag nicht erfahren, weil die Kirchengemeinde vor Ort auch nicht davon weiß.

Wenn ein Geburtstagsbesuch einige Tage nach dem eigentlichen Datum nachgeholt wird, dann wird das meistens nicht als tragisch empfunden. Entscheidend ist, dass wir dann ausreichend Zeit und Ruhe mitbringen.

Man muss leider feststellen, dass die Kollegen in den ortsgebundenen Gemeindepfarrämtern es oftmals nicht mehr schaffen, ihre Gemeindeglieder weiterhin zu besuchen, wenn sie einmal in ein Heim an einem anderen Ort gewechselt sind. Dann sind wir Altenheimseelsorger und -seelsorgerinnen besonders gefragt, stellvertretend bei den uns anvertrauten Menschen zu sein.

Hin und wieder werde ich auch vom Pflegepersonal oder vom begleitenden Dienst gebeten, einzelne Bewohner zu besuchen und mit ihnen Gespräche zu führen. Wo dafür das Bedürfnis besteht, kann daraus sogar eine Gesprächsreihe werden. In diesem Bereich frage ich nicht nach der Kirchenmitgliedschaft, sondern nur danach, ob ich mit einem Gespräch hilfreich sein kann.

Manche lockeren Kontakte ergeben sich auch auf dem Flur oder in den Gemeinschaftsräumen im Vorübergehen. Dies ist gleichzeitig eine gute Werbung für die Gottesdienste, die wir anbieten.

Unser Verhältnis zur Leitung eines Heimes

In Heimen mit einem kirchlichen Träger gehört die Altenheimseelsorgerin oder der Altenheimseelsorger wie selbstverständlich zum Team.

Bei Heimen mit privaten Trägern muss eine vertrauensvolle Zusammenarbeit erst gewonnen werden. Wenn wir als Seelsorger unsere Arbeit gut machen, werden die Heimleitungen bald merken, dass regelmäßige Gottesdienste als Teil des Angebots die Lebensqualität der Bewohnerinnen und Bewohner steigern. Wir bringen von außen eine Leistung ein, für die die Träger in den meisten Fällen keine Gegenleistung erbringen müssen und die doch für das Wohlbefinden der »Kunden« des Hauses wertvoll ist. Deswegen sollten wir erwarten können, dass das Heim passende Rahmenbedingungen zur Verfügung stellt: geeignete Räume, unkomplizierte Absprachen, Zugang zu den Namen und Daten der evangelischen Bewohner und Hilfestellung durch Mitarbeiterinnen der betreuenden Dienste.

Im Zweifel können wir immer noch darauf hinweisen, dass die evangelischen Bewohnerinnen und Bewohner Mitglieder unserer Kirche sind und in der Regel Kirchensteuern gezahlt haben. Sie haben also einen Anspruch darauf, im hohen Alter von uns betreut zu werden, so wie sie es sich wünschen.

Zu Fragen der Organisation der Heime und der Mitarbeiterführung sollten wir allerdings schweigen, auch wenn das manchmal schwerfällt.

Gute Zusammenarbeit mit Pflegepersonal und Mitarbeitenden im Betreuungsdienst

Die Betreuungskräfte sind unsere wichtigsten Verbündeten. Wenn erst einmal ein Vertrauensverhältnis entstanden ist, helfen sie meistens gern dabei, für die Gottesdienste zu werben und daran zu erinnern. Sehr hilfreich ist es auch, wenn sie die Gottesdienstbesucher auf dem Weg in den Versammlungsraum sicher begleiten, Rollstühle schieben oder auf andere Weise Hilfestellung leisten. Gelegentlich sitzen sie auch während des Gottesdienstes dabei, und stehen dann zur Verfügung, wenn jemand Hilfe braucht.

Wichtig sind kollegiale Gespräche mit den Betreuungskräften über die Erfahrungen, die sie im Beruf machen.

Als Gegenleistung für die vertrauensvolle Zusammenarbeit bekommen wir Hinweise dazu, bei welchen Bewohnerinnen weiterführende Einzelgespräche sinnvoll wären. Dabei kann es dann auch zum fachlichen Austausch kommen über die Lebenssituation einzelner Bewohner. Das ist hilfreich, um die Menschen, die wir besuchen, besser verstehen zu können.

Verwendbarkeit der hier dargebotenen Materialien in der Kirchengemeinde

Selbstverständlich lässt sich die hier beschriebene Arbeitsweise auch auf eine Kirchengemeinde vor Ort übertragen.

In manchen Gemeinden wird regelmäßig zwei- oder viermal im Jahr zu einer Abendmahlsfeier für Seniorinnen und Senioren eingeladen. An anderen Orten gibt es monatliche Seniorenkreise oder Gemeindenachmittage für Über-75-Jährige. Dann sollte man dabei Predigt und inhaltliche Gestaltung auch seniorengerecht einrichten.

Dafür kann das hier beschriebene Modell von Erlebnisgottesdiensten eine Anregung sein.

Man sollte allerdings berücksichtigen, dass der Prozentsatz an schwer demenzkranken Teilnehmenden in einer Gemeinde geringer sein wird als im Altenheim. Deshalb sollte man in der Gemeinde darauf achten, dass die Gottesdienste auch für die geistig noch beweglichen Teilnehmenden interessant genug bleiben.

Unsere Motivation

Die Menschen, die wir in ihrem Alter begleiten, sind in der Regel dankbar für jede Begegnung, Ermutigung und Anregung, die von außen kommt. Sie freuen sich über jeden persönlichen Kontakt mit liebevollen Menschen, die ihnen helfen, mit dem oftmals trostlosen und manchmal auch langweiligen Leben im Heim besser fertig zu werden.

Von uns als Seelsorgern wird dabei erwartet, dass wir ein wenig dazu beitragen, das Leben besser zu verstehen. Vielleicht gelingt es uns hin und wieder auch, das Herz zu erwärmen und den Zugang zum Himmel ein wenig weiter zu öffnen.

3 Praktische Hinweise zum Gebrauch

Die vorliegenden Entwürfe sind betont knapp gehalten. Sie eignen sich eigentlich nicht dafür, eins zu eins im Gottesdienst nur vorgelesen zu werden.

Wir erreichen die zum Teil sehr alten und dementen Menschen in den Altenheimen am ehesten durch unsere lebendige Sprache. Die Begegnung von Mensch zu Mensch ist das Wichtigste. So ist es am besten, wenn wir auch im Gottesdienst frei sprechen und möglichst wenig an einem schriftlichen Konzept kleben.

Gebete sind hier nicht schriftlich ausformuliert. In meiner gottesdienstlichen Praxis bete ich meistens spontan und frei als Zusammenfassung der Situation, die wir gerade erleben. Wer das nicht tun möchte, müsste sich also Gebetstexte vorher aufschreiben.

Abschnitte im Text, die gesprochen oder gesungen werden sollen, sind in normaler Schrift gehalten.

Handlungsanweisungen erscheinen in *kursiver Schrift*.

Bibeltexte sind durchweg **grau unterlegt** wiedergegeben. Dabei sind die angegebenen Bibelstellen oftmals aus Platzgründen nicht vollständig abgedruckt. Entscheidend ist die Stellenangabe. Man sollte in der Vorbereitung also immer auch die Bibel aufschlagen und die ganze angegebene Stelle lesen.

Bibelzitate folgen der **neuen revidierten Lutherbibel von 2017**.

Gesangbuchlieder folgen der Nummerierung des **Evangelischen Gesangbuches, EG, Ausgabe Niedersachsen/Bremen**.

Damit man die hier vorliegenden Gottesdienst-Entwürfe verwenden kann wie Konzepte in Stichworten, sind die wichtigsten Aussagen im laufenden Text **grau unterlegt**.

Die kollegiale und gleichberechtigte Zusammenarbeit von Frauen und Männern ist heute eine Selbstverständlichkeit. Dazu gehört es, sich um eine gendergerechte Sprache zu bemühen. Ich versuche, im Text mühsame Doppelungen weitgehend zu vermeiden. Ebenso vermeide ich schriftliche Kunstprodukte wie den Ausdruck »SeelsorgerInnen« als Abkürzung für »Seelsorgerinnen und Seelsorger«. Wenn ich also an einer Stelle von »Seelsorgern« und an anderer Stelle von »Seelsorgerinnen« spreche, dann ist immer das andere Geschlecht mit gemeint.

Direkt unter dem Titel eines Gottesdienstentwurfes findet sich hin und wieder eine Angabe zur passenden Jahreszeit.

Darunter findet man unter der Rubrik »Materialien« eine Liste der in der Erlebnisphase der Andacht verwendeten Objekte, Anschauungsstücke und Hilfsmittel. Auf diese Weise kann der Leser schnell erkennen, ob er für sich eine realistische Möglichkeit sieht, diese Andacht leicht und direkt in die Praxis umzusetzen.

Am Ende, unterhalb des eigentlichen Entwurfs, schließen sich weitere Hinweise an:

In einigen Fällen hielt ich es für nötig, die inhaltlichen Themen weiter zu reflektieren, um vorab auf mögliche Probleme hinzuweisen.

Außerdem werden hier Vorschläge gemacht, wie die genannten Materialien beschafft werden könnten. Dazu werden alternative Gestaltungsmöglichkeiten angeboten, mit denen man die im Entwurf enthaltenen Ideen auf andere Weise umsetzen kann, wenn ein genanntes Material nicht zur Verfügung steht.

Die Gottesdienste

I: Im Lauf des Kirchenjahres

1 Advent – schöne, stille und ernste Zeit der Vorbereitung

Mit Abendmahlsfeier

Jahreszeit

Im Advent

Materialien

Grüner Tannenzweig, Kekse für alle, ein symbolisches »Geschenk«, eingepackt in Geschenkpapier, Figur eines Engels, Gesangbuch, Handfeger, Abendmahls-Geschirr mit Brot und Wein (Saft)

- Musik
- Lied: Es kommt ein Schiff geladen (EG 8, 1–4)
- Psalm 24,7–9

  7 Machet die Tore weit und die Türen in der Welt hoch, dass der König der Ehre einziehe!
  8 Wer ist der König der Ehre? Es ist der Herr, stark und mächtig, der Herr, mächtig im Streit.
  9 Machet die Tore weit und die Türen in der Welt hoch, dass der König der Ehre einziehe!
- Ehr sei dem Vater und dem Sohn …
- Kyrie eleison …
- Gebet
- Schriftlesung Jesaja 9,1 + 5–6:

  1 Das Volk, das im Finstern wandelt, sieht ein großes Licht, und über denen, die da wohnen im finstern Lande, scheint es hell.
  5 Denn uns ist ein Kind geboren, ein Sohn ist uns gegeben, und die Herrschaft ist auf seiner Schulter; und er heißt Wunder-Rat, Gott-Held, Ewig-Vater, Friede-Fürst; auf dass seine Herrschaft groß werde und des Friedens kein Ende auf dem Thron Davids und in seinem Königreich, dass er's stärke und stütze durch Recht und Gerechtigkeit von nun an bis in Ewigkeit. Solches wird tun der Eifer des Herrn Zebaoth.

Das Wort **»Advent«** ist lateinisch. Es bedeutet **»Er kommt«**. Gemeint ist Jesus, der Sohn Gottes. Er kommt in unsere Welt, um uns vom Bösen zu erlösen.

Das wird einmal so sein, wenn Jesus wiederkommt am Jüngsten Tage. Dann wird er kommen zwischen den Wolken – mit dem Schall der Posaune. Er hat zugesagt, dass er sich selbst auf den Thron des Königs David setzen wird. Dann wird er regieren in einem ewigen Reich des Friedens. Darauf warten wir.

Man kann aber gleichzeitig sagen: Jesus ist schon gekommen. Er ist gekommen in unsere Welt als ein kleines, verletzbares Kind. Maria und Josef waren unterwegs, hilflos und ausgesetzt, so wie viele andere Menschen in dieser Welt auch, die auf der Flucht sind vor Gewalt. Seitdem wissen wir: Gott kommt zu uns Menschen.

Zu **Weihnachten** erzählen wir uns jedes Jahr diese Geschichte. Deshalb freuen wir uns auf Weihnachten.

Advent ist aber noch nicht das Fest selbst. Advent ist noch nicht Weihnachten. **Advent ist eine Zeit der Vorbereitung.**

Wir wollen sehen, was uns helfen kann, damit wir uns gut auf Weihnachten vorbereiten können.

Die einzelnen Symbole werden nach und nach mit einigen Worten vorgestellt, gezeigt und auf dem Altar sichtbar aufgebaut:

Ein grüner Tannenzweig ist als einziger Zweig auch im Winter grün. Er bleibt grün, wenn alle anderen Bäume ihre Blätter verlieren. Er macht uns Hoffnung, dass nach der kalten Jahreszeit noch einmal ein neues Frühjahr kommt. Damit macht der grüne Zweig uns auch Hoffnung auf Weihnachten hin. Wir feiern ein schönes Fest und hoffen, dass wir gut durch den Winter kommen.

Eine Kerze *wird entzündet und auf den Altar gestellt (auf dem vorher noch keine Kerzen gebrannt hatten).* Im Winter wird es abends früh dunkel. Da tut uns ein Licht gut.

Wir werden erinnert an die Weissagung des Propheten Jesaja 9,1:

Das Volk, das im Finstern wandelt, sieht ein großes Licht, und über denen, die da wohnen im finstern Lande, scheint es hell.

Das stille Licht der Kerze soll auch uns still machen.

Kekse *werden in einer Schüssel herumgereicht. Jede Teilnehmerin darf probieren.*

Es soll uns in der Adventszeit gut gehen. Ein kleiner Vorgeschmack auf Weihnachten. Vorfreude ist die beste Freude.

Ein eingepacktes Geschenk gehört bei uns dazu, um Weihnachten zu feiern. Die Adventszeit ist also auch die Zeit, in der wir uns über die Weihnachtsgeschenke Gedanken machen: Was schenke ich bloß meinen Lieben?

Für die Bewohner eines Altenheims ist das nicht leicht. Es gibt ja nicht mehr so viele Möglichkeiten, etwas Schönes zu besorgen.

Hier einige Gedanken dazu: Weihnachtsgeschenke müssen nicht teuer sein. Am wertvollsten ist etwas, das von Herzen kommt und zeigt: Ich hab an dich gedacht! Ich hab dich lieb! Ein Briefchen mit einem kurzen Gruß. Eine Karte mit einem schönen Bild. Das ist schön und zeigt: Wir gehören als Familie zusammen.

Und man sollte sich nicht scheuen, jemanden aus der Familie oder einen Freund zu bitten, beim Vorbereiten von Geschenken zu helfen, wenn das möglich ist.

Die Figur eines Engels, eines Boten Gottes. Engel treten immer dort auf, wo Gott den Menschen etwas sagen will. So bekam auch Maria den Besuch von einem Engel, um ihr zu sagen, dass sie ein Kind bekommen wird und dass dieses Kind der Sohn Gottes sein wird.

Dann ging der Engel auch zu den Hirten, um Bescheid zu sagen, dass das Kind geboren worden ist.

Vielleicht kommt ja ein Engel auch zu uns. Einer, der uns etwas Gutes sagt im Auftrag Gottes.

Ein Gesangbuch haben viele Menschen zu Hause. Früher war das zumindest so. Wie schön kann eine adventliche Runde in der Familie sein, bei der unsere alten Lieder gesungen werden.

- Lied: Nun komm der Heiden Heiland (EG 4, 1–5)

Ein Handfeger symbolisiert die Vorbereitung auf Weihnachten. Früher gehörte es für Sie dazu, das Haus sauber zu machen – ein Großreinemachen vor dem Fest. Zumindest wenn man Gäste erwartet, will man einen guten Eindruck machen. Dann soll das Haus schön sauber sein. Das machen für Sie nun andere.

Aber haben wir auch in unserem Herzen aufgeräumt? Dunkle Gedanken gehören nicht zu einem fröhlichen Fest. Vielleicht gelingt es, sie abzulegen und sie an Jesus abzugeben. Er nimmt uns die Last des Herzens ab. Wenn wir ihn darum bitten, fegt er uns das Herz sauber.

- Gebet
- Lied: Wie soll ich dich empfangen (EG 11, 1 + 6)
- Musik

Abendmahl mit Brot und Wein (geschnittenes Weißbrot und Traubensaft): *Die »Abendmahlsgeräte« werden vor den Augen der Teilnehmenden auf eine möglichst einfache Weise vorbereitet.*

Jesus lädt uns ein. Wir dürfen bei ihm zu Tisch sein. Er nimmt uns an. Er möchte uns helfen, wo wir allein nicht zurechtkommen. Er möchte uns alle dunklen Gedanken abnehmen, die uns beim Fest belasten könnten.

- Vaterunser
- Einsetzungsworte – *ganz schlicht gesprochen oder gesungen*
- Christe, du Lamm Gottes, der du trägst die Sünd' der Welt, erbarm dich unser – *dreimal gesungen*
- *Abendmahlsausteilung*
- Segen
- Lied: Macht hoch die Tür, die Tor macht weit (EG 1, 1 + 3 + 5)
- Musik

Hinweise

In manchen Heimen sind echte Kerzen verboten, weil man Angst vor einem Fehlalarm der Rauchmelder hat. Das ist natürlich zu respektieren. Aber eine E-Kerze ist nur ein schwacher Ersatz. Vielleicht kann man um eine Ausnahmegenehmigung bitten.

Beim Kauf von Keksen sollte man darauf achten, dass sie für Senioren geeignet sind: Kekse sollen weich sein, ohne harte Nüsse; nicht so süß, damit auch Diabetiker und Menschen mit schlechten Zähnen zugreifen dürfen. Es hat sich bewährt, sich hier von einer Mitarbeiterin des Heimes helfen zu lassen, die einschätzen kann, wer besser keinen Keks bekommen sollte.

Der Abschnitt über die Geschenke überfordert möglicherweise einige der Teilnehmenden. Sie können nicht mehr selbst Weihnachtsgeschenke einkaufen. Dafür fehlt die Mobilität und vielleicht auch das

Geld. Man muss also – je nachdem wie die Gruppe zusammengesetzt ist – die Worte sehr vorsichtig wählen, damit die Zuhörenden nicht traurig werden. Aber soll man deshalb ganz auf das Symbol der Geschenke verzichten? Vielleicht wird ja der Vorschlag, sich bei der Weihnachtspost von Freunden helfen zu lassen, doch von manchem Heimbewohner gern aufgenommen.

Eine Abendmahlsfeier passt in den Advent. Aber sie ist natürlich nicht zwingend notwendig. Der Gottesdienst wäre auch ohne Abendmahl vollständig.

Zum Abendmahl findet man in den Vorüberlegungen (S. 19) einen ausführlichen Abschnitt.

Hier wurde bewusst kein Evangelium aus der Reihe der Perikopen-Ordnung der Evangelischen Kirche aufgenommen. Die dort für den Advent vorgeschlagenen Evangelien wirken im Zusammenhang dieses vorweihnachtlichen Altenheimgottesdienstes zu fremd: Texte wie der Einzug in Jerusalem am ersten Advent oder das apokalyptische Szenario, das für den zweiten Advent als Lesung vorgesehen ist, überfordern und lenken ab von dem Thema, das hier im Mittelpunkt stehen soll: Advent als Vorbereitung auf Weihnachten. Es ist ja schon eine Herausforderung zu sagen, dass eine solche Vorbereitungszeit notwendig ist.

2 Weihnachten – »Ehre sei Gott in der Höhe und Friede auf Erden«

Jahreszeit
Weihnachten

Materialien
Eine Weihnachtskrippe mit einem Stall und allen herkömmlichen Figuren. Die traditionelle Weihnachtsgeschichte wird mit einfachen Worten neu erzählt.

- Musik
- Lied: Ihr Kinderlein kommet (EG 43, 1–4)
- Gruß
- Gebet

Es gibt bei uns eine lange Tradition, dass wir unsere Häuser und Kirchen zu Weihnachten mit einer Krippe schmücken. Sie soll uns an die alte Weihnachtsgeschichte erinnern.

Der Stall der Krippe auf einem Tisch in der Mitte wird vorgestellt.

Erzähltext

1. Szene:
Diese Geschichte spielt im Heiligen Land in einer längst vergangenen Zeit. Wir können sie in der Bibel nachlesen. Es ist vielleicht die schönste Geschichte, die wir Menschen kennen. Zugleich ist sie eine starke Geschichte. Sie verändert das Leben der Menschen bis heute.

Damals, vor 2000 Jahren, regierte in Rom der **Kaiser Augustus**. Der war ein mächtiger Mann. Er wollte wissen, wie viele Menschen in seinem riesigen Reich lebten. So wollte er einschätzen können, wie viele Steuern er von diesen Menschen verlangen kann; und er wollte wissen, wie viele Soldaten er braucht, um die vielen Menschen zu beherrschen. So gab er den Befehl, dass alle Familien sich in Listen einschreiben sollten. Jeder Mann sollte dazu in die Stadt reisen, in der er geboren wurde. Und die Familien mussten mit.

Nun war da **Josef**, ein junger Mann. Er war mit der jungen **Maria** verlobt.

Maria hatte einige Monate vorher etwas ganz Merkwürdiges erlebt. Ihr war ein **Engel Gottes** erschienen. Der hatte mit ihr geredet: »Maria, du wirst schwanger werden! Und das Kind, das du bekommen wirst, wird der Sohn Gottes sein. Du sollst ihn Jesus nennen. Das bedeutet: Der Retter!« Das konnten Maria und Josef zuerst gar nicht verstehen. Aber die Dinge nahmen ihren Lauf. Maria wurde schwanger. Josef nahm sie zu sich und sorgte liebevoll für sie.

Als die Zeit kam, dass er **zur Volkszählung nach Bethlehem** reisen sollte, nahm er Maria mit. Das war eine beschwerliche Reise. Leider hatten sie dort keine Verwandten mehr. Sie waren darauf angewiesen, dass jemand ihnen einen Platz zum Schlafen geben würde. So klopfte Josef an die Tür eines Gasthofes. Er fragte höflich beim **Wirt**: »Herr! Habt ihr ein Zimmer für meine Frau und mich? Wir haben schon eine weite Reise hinter uns und sind sehr müde. Meine Frau ist schwanger. Sie kann einfach nicht mehr weiter.« Aber der Wirt wies sie ab: »Hier ist kein Platz. Hier ist alles voll. Ich kann euch nicht aufnehmen.« Josef ließ aber nicht locker: »Bitte gib uns einen Platz zum Schlafen. Irgendwo! Wir machen euch auch keine Mühe!« Da fiel dem Wirt ein, dass er ja noch einen **Stall** hatte. »Kommt mit!« sagte er und führte sie hinüber zum Nebengebäude.

Er machte die Tür auf und schob sie in den Stall. Dort waren nur ein Ochse und ein Esel. »Hier bei den Tieren kannst du meinetwegen dein Kind kriegen.« »Oh ja! Herzlichen Dank für deine Freundlichkeit!«, antwortete Josef. Und Maria war auch zufrieden. »Das ist besser als gar nichts. Hier bei den Tieren ist es jedenfalls warm.« Maria und Josef machten es sich auf dem Stroh im Stall gemütlich. Josef machte ein Feuer im Ofen an und gab Maria zu essen. Dann kuschelten sie sich eng aneinander und schliefen ein.

Mit einem Mal musste Maria sich an den Bauch fassen: »Du, Josef, ich glaube, jetzt geht's los. Ich glaube, heute Nacht kommt das Kind zur Welt.« Das war schwer. Josef versuchte, ihr zu helfen, so gut er konnte: »Schlaf erst noch mal ein bisschen.«

So merkten die beiden gar nicht, wie ein Engel hereinschlich und sie segnete.

Dann bekam Maria ihr Kind. Sie wickelte es in Windeln und legte es in eine Futterkrippe.

Die ***ersten Figuren der Weihnachtskrippe*** *werden mit wenigen Worten einzeln vorgestellt: Ochse, Esel, Maria mit dem Christuskind, Josef, der Engel.*

Jede Teilnehmerin bekommt die Gelegenheit, die Figuren anzuschauen und mit den Fingern zu berühren. Dann gibt sie sie weiter zur nächsten Teilnehmerin. Dazu ist es notwendig, dass alle im Kreis sitzen.

Schließlich werden die Figuren eingefügt in das Gesamtbild der Krippenlandschaft mit dem Stall. Eine Kerze wird entzündet und an eine geeignete Stelle der Krippe gestellt.

- Lied: Stille Nacht (EG 46, 1–3)

2. Szene:

Weit draußen vor der Stadt waren **Hirten** bei ihren Schafherden. Das waren arme Leute. Es war dunkel und die Nacht war kalt. Einer grummelte vor sich hin: »Ich hab' bald keine Lust mehr zu diesem Leben. Ich möchte mal wieder in einem warmen Bett schlafen.« Ein anderer stimmte ihm zu: »Immer müssen wir Wache halten. Und unser Herr kann gemütlich bei seiner Frau zu Hause sitzen.« – »Ich möchte einmal so viel verdienen, dass ich mir öfter etwas Gutes zu Essen kaufen kann.« – »Es müsste jemand kommen und uns hier herausholen; jemand, der uns einen neuen Weg zeigt.«

Da erschien ihnen plötzlich **ein Engel vom Himmel**. Sie erschraken sehr! Aber der Engel redete freundlich: »Fürchtet euch nicht! Ihr braucht keine Angst vor mir zu haben. Ich bringe euch eine gute Botschaft. Gott hat beschlossen, selbst ein Mensch zu werden, so wie ihr. Heute wird für euch der Retter geboren. Er wird der König sein in einer neuen Welt. Geht nach Bethlehem. Dort gibt es eine Herberge und auf dem Hof einen Stall. Da werdet ihr das Kind finden. Es liegt in Windeln in einer Futterkrippe.« Dann war der Engel mit einem Mal wieder verschwunden.

Die Hirten wunderten sich sehr: »Habt ihr das gesehen? Habt ihr den Engel gehört? Was hat er gesagt?! Ein König ist geboren! In einem Stall? Gott wird ein Mensch?« – »Das geht doch gar nicht. Und noch dazu als ein Kind von armen Leuten.« – »Schnell, lasst uns hingehen! Wir sehen uns das an!« – »Ich will auch mit.« – »Doch halt! Wir müssen ihm etwas mitbringen. Wir schenken ihm das Beste, was wir haben.« Die Hirten nahmen ihre Geschenke und machten sich gleich auf den Weg.

Die Figuren der Hirten, der Schafe und der Hütehunde werden herumgegeben.

- Lied: Kommet ihr Hirten (EG 48, 1–3)

3. Szene:

Als die Hirten zum Stall kamen, machten sie vorsichtig die Tür auf. Sie fanden tatsächlich das Kind in einer Futterkrippe: »Schaut mal! Da liegt es! Ist das schön!« – »Was der Engel gesagt hat, stimmt tatsächlich. Dann ist dies Kind der Retter der Welt!«

Und zu den Eltern sagten sie: »Wir grüßen euch, liebe Leute! Ist das euer Kind?« – »Wir haben draußen auf den Feldern einen Engel gesehen. Der hat uns von euch erzählt. Hier bei euch ist alles genauso, wie der Engel es uns gesagt hat.«– »Dieses Kind ist also Gott selbst, geboren als ein Mensch in dieser Welt!«

»Hier, nehmt unsere Geschenke!« – »Nehmt ein Brot. Das gibt euch Kraft!« – »Hier, eine Decke. Die hält die Mutter warm« – »Und eine Kerze, damit ihr nicht im Dunkeln sitzen müsst.« Maria und Josef waren froh über die Geschenke und bedankten sich. Die Hirten setzten sich an die Futterkrippe.

Über die Worte, die die Hirten ihnen gesagt hatten, musste Maria noch lange nachdenken.

Die Figuren der Hirten werden sorgfältig in die Krippenlandschaft gestellt, so wie Gäste, die zu Besuch kommen.

- Lied: Ich steh an deiner Krippen hier (EG 37, 1–4)

4. Szene

Dann öffnete sich plötzlich noch einmal die Tür. Hinein kamen Männer in prächtigen Gewändern. Als sie das Kind sahen, verneigten sie sich und sprachen zu den jungen Eltern: »Wir kommen aus einem fernen Land aus dem Osten. Wir sind gelehrte **Sterndeuter und Könige**. In den alten Schriften kann man lesen, dass in Bethlehem im Dunkel der Nacht ein Königskind geboren werden soll. Dann haben wir einen leuchtenden Stern gesehen. Der hat uns zu euch geführt und ist über diesem Stall stehen geblieben. Wir sind jetzt sicher, dass ihr es seid und euer Kind.«

Ein König nach dem anderen kniete nieder und brachte seine **Geschenke**: »Ich gebe dir Gold und Edelsteine aus meiner Heimat.« – »Ich bringe dir Weihrauch mit. Den verbrennen wir. Dann riecht es gut beim Beten.« Der König streute ein wenig davon ins Feuer. Dann rief er: »Du bist der Retter der Welt! **Du sollst unser König sein!** « – Und der dritte König sagte: »Ich bringe dir kostbare Medizin mit, damit du keine Schmerzen haben sollst.«

Das war ein Fest! Maria wusste vor Freude gar nicht, was sie sagen sollte.

Die Figuren der Könige werden herumgegeben und dann auch in die Krippe eingestellt. So wird die traditionelle Weihnachtskrippe vollständig.

Wir beten:

- Gebet
- Vaterunser

Die Engel im Himmel freuten sich und sangen ein Lied: **»Ehre sei Gott in der Höhe und Friede auf Erden«** (Lukas 2,14). Und die Hirten und die Könige sangen auch:

- Lied: Oh, du fröhliche (EG 44, 1–3)
- Segen
- Musik

Hinweise

Es eignet sich jede Weihnachtskrippe, deren Figuren nicht zu schwer, aber auch nicht zu kostbar oder zu zerbrechlich sind. Die Figuren gehen von Hand zu Hand. Dabei muss man in Kauf nehmen, dass sie ein wenig leiden.

Ich habe oft eine sehr schlichte Weihnachtskrippe aus bemaltem Sperrholz verwendet, die in der Familie im Jahre 1954 selbst gebastelt worden ist. So kann jeder die Figuren verwenden, die ihm zugänglich sind. Schön ist es, wenn man dazu eine Geschichte zur Herkunft der Krippe erzählen kann.

Entscheidend für den Erlebnisgottesdienst ist, dass die Teilnehmerinnen die Figuren auch wirklich mit den Händen »begreifen« können. Das ist auch für die Blinden und Sehbehinderten eine gute Gelegenheit, um auf gleichwertige Weise Anteil am Geschehen zu haben.

Einige Bewohnerinnen oder Bewohner werden aufgrund ihres Alters oder ihrer Demenz nicht mehr in der Lage sein, die Figuren weiterzugeben. Dann ist ein wenig Assistenz nötig.

Sicherlich ist es auch möglich, die Krippenfiguren schon ab Mitte der Adventszeit, also noch vor Weihnachten, als Arbeitsmittel zu verwenden.

Die Krippe könnte dann mit den Gottesdienstteilnehmerinnen für das ganze Haus an einem für alle sichtbaren Ort aufgebaut werden und die ganze Weihnachtszeit über für alle als ein schöner Schmuck stehen bleiben.

Nach dem Konzept der »anwachsenden Krippe« könnte man sich dabei auch zunächst auf die Heilige Familie beschränken, einige Tage später die Hirten hinzufügen und erst zum 6. Januar in einem neuen Gottesdienst die Figuren der Heiligen Drei Könige hervorholen.

Zugrunde liegen natürlich die Bibeltexte mit der Weihnachtsgeschichte nach Lukas 1,26–38 sowie Lukas 2,1–21 und Matthäus 1,1–11. Dabei ist die Geschichte vom Kindermord in Bethlehem und der Flucht nach Ägypten hier bewusst weggelassen, um den Gottesdienst nicht zu überfrachten.

Seit dem Mittelalter gibt es die Tradition, die beiden ursprünglich getrennten Geschichten miteinander zu verbinden in Form einer Evangelienharmonie. Dies ist die Grundlage der traditionellen Weihnachtskrippe, bei der Hirten und Könige gleichzeitig beim Stall sind.

Die hier dargebotene Nacherzählung in einer möglichst leichten Sprache stammt vom Autor als ein Beispiel dafür, wie man im Altenheim erzählen kann. Diese Fassung kann also eins zu eins vorgelesen werden.

Andere Texte zu anderen Gottesdiensten in diesem Buch sind eher knapp gefasst und sollten von den Seelsorgerinnen und Seelsorgern in freier Rede immer wieder neu gestaltet werden.

3 Die Heiligen Drei Könige

Zeit

Kurz nach Weihnachten bis Mitte Januar, idealerweise am 6. Januar

Materialien

Stücke zur Verkleidung von Kindern als Heilige Drei Könige, wie Krone, goldene Geschenke, Königsmantel; ein Bild von der Anbetung der Heiligen Drei Könige aus der Kunst, hier als Beispiel das Bild »Anbetung der Drei Könige« aus dem Altar in der evangelischen Stadtkirche von Bad Wildungen, Hessen, vom spätgotischen Maler Conrad von Soest

---

- Musik
- Gruß

Hinführung

Es gibt **in der Bibel zwei Fassungen der Weihnachtsgeschichte:** bei Lukas und bei Matthäus. Beide Geschichten unterscheiden sich sehr. Lukas kennt die Geburt des Christuskindes unter ärmlichen Verhältnissen im Stall, die Krippe und den Besuch der Hirten, aber nicht die Weisen aus dem Morgenland. Matthäus kennt weder Krippe noch Stall, keine Hirten, dafür aber König Herodes und die Weisen. Erst die volkstümliche Tradition hat beide Geschichten zu einer einheitlichen Weihnachtsgeschichte miteinander verschmolzen.

Gleichzeitig wurde die biblische Geschichte von den Weisen aus dem Morgenland volkstümlich erweitert zu der Legende von den Heiligen Drei Königen.

- Lied: Lobe den Herren (EG 316, 1–3)
- Psalm 96,10–13

10 Sagt unter den Heiden: Der HERR ist König. Er hat den Erdkreis gegründet, dass er nicht wankt. Er richtet die Völker recht.
11 Der Himmel freue sich, und die Erde sei fröhlich, das Meer brause und was darinnen ist;
12 das Feld sei fröhlich und alles, was darauf ist; jauchzen sollen alle Bäume im Walde
13 vor dem HERRN; denn er kommt, denn er kommt, zu richten das Erdreich. Er wird den Erdkreis richten mit Gerechtigkeit und die Völker mit seiner Wahrheit.

- Liturgie
- Gebet

Die **Hirten** aus der Weihnachtsgeschichte **nach Lukas stehen für die Armen in der Welt**. Zu ihnen speziell ist Jesus gekommen. Das kommt auch dadurch zum Ausdruck, dass Jesus unterwegs auf der Reise unter schwierigen Umständen in einem Stall zur Welt kommt. Und deshalb sind es bei Lukas auch arme Hirten, die sich zur Krippe auf den Weg machen, um ihren Heiland zu begrüßen.

Heute soll es aber um die **Weihnachtsgeschichte nach Matthäus** gehen. Das ist die Geschichte von König Herodes und von den **Weisen aus dem Morgenland**.

- Schriftlesung: Matthäus 2,1–14

**1 Da Jesus geboren war zu Bethlehem in Judäa
zur Zeit des Königs Herodes, siehe, da kamen
Weise aus dem Morgenland nach Jerusalem und
sprachen: 2 Wo ist der neugeborene König der
Juden? Wir haben seinen Stern aufgehen sehen
und sind gekommen, ihn anzubeten. 3 Als das
der König Herodes hörte, erschrak er und mit
ihm ganz Jerusalem, 4 und er ließ zusammen-
kommen alle Hohenpriester und Schriftgelehr-
ten des Volkes und erforschte von ihnen, wo der
Christus geboren werden sollte. 5 Und sie sagten ihm: In Bethlehem in Judäa; denn so steht
geschrieben durch den Propheten (Micha 5,1):
6 »Und du, Bethlehem im Lande Juda, bist mit-
nichten die kleinste unter den Fürsten Judas;
denn aus dir wird kommen der Fürst, der mein
Volk Israel weiden soll.« 7 Da rief Herodes die
Weisen heimlich zu sich und erkundete genau
von ihnen, wann der Stern erschienen wäre,
8 und schickte sie nach Bethlehem und sprach:
Zieht hin und forscht fleißig nach dem Kindlein; und wenn ihr's findet, so sagt mir's wie-**

**der, dass auch ich komme und es anbete. 9 Als
sie nun den König gehört hatten, zogen sie hin.
Und siehe, der Stern, den sie hatten aufgehen
sehen, ging vor ihnen her, bis er über dem Ort
stand, wo das Kindlein war. 10 Da sie den Stern
sahen, wurden sie hocherfreut 11 und gingen in
das Haus und sahen das Kindlein mit Maria, seiner Mutter, und fielen nieder und beteten es an
und taten ihre Schätze auf und schenkten ihm
Gold, Weihrauch und Myrrhe. 12 Und da ihnen
im Traum befohlen wurde, nicht wieder zu Herodes zurückzukehren, zogen sie auf einem an-
dern Weg wieder in ihr Land.**
**13 Als sie aber hinweggezogen waren, siehe,
da erschien der Engel des Herrn dem Josef im
Traum und sprach: Steh auf, nimm das Kindlein
und seine Mutter mit dir und flieh nach Ägypten
und bleib dort, bis ich dir's sage; denn Herodes
hat vor, das Kindlein zu suchen, um es umzubringen. 14 Da stand er auf und nahm das Kindlein und seine Mutter mit sich bei Nacht und entwich nach Ägypten**

- Lied: Oh König aller Ehren (EG 71, 1–4)

In fast allen evangelischen Kirchen wird zu Weihnachten mit Kindern oder für Kinder ein **Krippenspiel** aufgeführt. Dabei sind die Heiligen Drei Könige wichtige Hauptfiguren. In fast allen katholischen Kirchengemeinden ziehen am 6. Januar oder in den Tagen danach die Kinder als Sternsinger – verkleidet als **Heilige Drei Könige** – von Haus zu Haus. Sie singen, segnen die Häuser und bitten um eine Spende für das Hilfswerk »Misereor«. Das Geld wird verwendet für Menschen in Not in den armen Ländern. Die Kirchengemeinden haben dafür schöne Kostüme, um ihre Kinder-Könige auszustaffieren.

Es werden einige Stücke aus der Kostümkiste herumgereicht: goldene Kronen, prächtige Gewänder, hübsche Schmuckkästchen, der Stern am Stab zum Drehen.

Für Matthäus war es besonders wichtig zu betonen, dass **Jesus ein Königssohn** ist. Bei Matthäus wird im ersten Kapitel die ganze lange Liste der Vorfahren von Josef aufgezählt. Damit wird deutlich, dass Josef ein Nachfahre des Königs David war. Wenn es möglich gewesen wäre, dann hätte Josef also als Erbprinz die Königsherrschaft im Lande für sich in Anspruch nehmen können. Jesus – den Sohn Gottes – das Kind der Maria – hielten alle für den Sohn von Josef. So kann man sagen: Auch Jesus war ein Kronprinz: Er war in die Welt gekommen, um sich einmal im Auftrag Gottes als Friedenskönig auf den Thron Davids zu setzen.

Es regierte im Lande aber der König Herodes als ein grausamer Gewaltherrscher. Er hätte es sicherlich nicht kampflos zugelassen, wenn Josef oder Jesus versucht hätten, ihn vom Thron zu stürzen.

Bei Matthäus erfahren wir von **Weisen aus dem Morgenland**. Sie kamen aus einem fernen Lande. In ihren klugen Büchern und in den Sternen hatten sie gelesen, dass im Lande der Juden ein neuer König geboren worden war. Ihn wollten sie begrüßen und ihm kostbare Geschenke bringen. So steht es in der Bibel.

Im Mittelalter ist daraus in der Fantasie des Volkes **die Legende** von den **Heiligen Drei Königen** geworden:

Man hat sich erzählt, dass diese Weisen aus dem Morgenland Könige gewesen sein sollen. Sie regierten als Könige selbst – jeder in seinem eigenen Königreich. Sie hatten sich dann aber gemeinsam zu dritt auf die Reise gemacht. Wie viele es eigentlich waren, ist im Bibeltext nicht erwähnt, aber es werden drei Geschenke aufgezählt: **Gold, Weihrauch und Myrrhe**. So hat man sich gedacht, dass es auch drei Könige gewesen sein müssen und hat ihnen Namen gegeben: Kaspar, Melchior und Balthasar. Einer war alt, der andere im mittleren Alter, der Dritte jung. Und einer von ihnen ein Schwarzer.

So ist die Szene seit dem Mittelalter viele Male auch in der Kunst dargestellt worden:

Als Beispiel habe ich ein Tafelbild des Künstlers **Conrad von Soest** aus dem Jahre **1403** mitgebracht. Der Maler ist sozusagen ein Prediger mit dem Pinsel in der Hand. Er macht die Geschichte mit seiner eindrücklichen Kunst auch für einfache Leute verständlich:

Das Bild wird für alle sichtbar auf eine Leinwand projiziert oder als Ausdruck jedem Teilnehmer in die Hand gegeben. (Es kann selbstverständlich auch eine andere Darstellung gewählt werden. Dazu müsste der folgende Text angepasst werden.)

In der hessischen Kleinstadt Bad Wildungen gibt es in der Stadtkirche einen Altar mit vielen verschiedenen Bildern aus dem Leben Jesu, die dieser Conrad von Soest auf Holztafeln gemalt hat. Das ganze Kunstwerk mit 13 Bildern ist fast 8 Meter breit. Die einzelne Bildtafel hat also eine Seitenlänge von etwa 60 cm.

Der Maler Conrad von Soest lebte in Dortmund von 1370–1422. Es war also die Zeit der Gotik – noch hundert Jahre vor der Reformation.

Beschreibung des Bildes

Besonders schön sind die prächtigen Farben: Auf dem Bild wohnt die **Heilige Familie** zu diesem Zeitpunkt schon nicht mehr in einem Stall. Das konnte der Maler sich nicht vorstellen. Jesus war doch der Himmelskönig! So sitzt Maria mit dem Kind unter einem gotischen Gewölbe, so wie in einer Kirche. Über dem schmuckvollen Gebäude sieht man einen Hintergrund in prächtigem Gold. Maria wird gezeigt als eine junge, schöne Frau. Sie sitzt aufrecht und trägt einen langen, blauen Mantel. Das ist die Farbe, die an den Himmel erinnert. Das Jesuskind sitzt ihr auf dem Schoß. Es ist ganz nackt. Beide, Maria und Jesus, haben um den Kopf einen goldenen Heiligenschein. Sie haben ihren Glanz ja von Gott. Maria schaut runter zu ihrem Kind, aber eigentlich schaut sie in sich hinein, so wie in ein stilles Gebet versunken. Jesus schaut zu ihr auf. Oder schaut er doch gleich direkt auf zu seinem Vater im Himmel? Josef, der Vater und Beschützer, hält sich bescheiden im Hintergrund. Er hat einen weißen Bart wie ein alter Mann und trägt einen braunen Mantel, aber um den Kopf ein Tuch in dunkelblauer Farbe. Ein wenig von der himmlischen Herrlichkeit, die man an Maria erkennen soll, bleibt auch für ihn. Von hinten und von der rechten Seite kommen die drei Könige. Der Älteste – mit weißen Haaren und einem langen weißen Bart – trägt ein prächtiges Königsgewand in Rot und Gold. Er hat sich schon bei Maria hingekniet und fasst mit den Händen nach der kleinen Kinderhand von Jesus. Hinter ihm stehen die beiden anderen Könige. Sie sind deutlich jünger. Der eine hat eine lange, weiße Strumpfhose und ein rotes Schultertuch, der andere ein grünes und goldenes Gewand wie ein Priester. Beide tragen goldene Kronen auf dem Haupt und haben in den Händen ihre goldenen Geschenke. Der alte König hat seine Krone aber abgenommen und sie unten am Bildrand niedergelegt. So, als ob er sagen wollte: »Ich möchte nicht mehr selbst König sein, Jesus: Es ist besser, wenn du unser König wirst!«

Die Heiligen Drei Könige stehen für die Klugen, Reichen und Mächtigen dieser Welt.

Die Geschenke, die im Bibeltext erwähnt werden, wurden von der Kirche als Symbole gedeutet: **Gold** steht für den materiellen Reichtum. **Weihrauch** steht für die Kraft des Gebetes. Und **Myrrhe** ist ein Medikament, speziell ein Betäubungsmittel. Es weist schon hin auf die Passion Jesu.

Die Geschichte erzählt also von der großen Sehnsucht der Menschen: **Christus ist doch der Herr im Himmel und auf Erden.** Warum sind denn dann immer noch so viel Unrecht und Elend auf der Welt?

Wenn die Klugen, Reichen und Mächtigen das Christuskind endlich als ihren Herrn anerkennen und sich selbst in seinen Dienst stellen würden, dann würden sie ihre Kraft und Macht auch nicht mehr missbrauchen.

Dann würden sie sich für den Frieden einsetzen und für ein gutes Leben der Menschen in dieser Welt.

Diese Sehnsucht bleibt. Wir dürfen die Hoffnung nicht aufgeben. Deshalb ist die Geschichte auch heute noch für uns so bedeutungsvoll wie damals.

Die Bibel erzählt übrigens, dass die Weisen nicht mehr zu König Herodes zurückgekehrt sind, um ihm nicht zu verraten, wo das Jesuskind versteckt wird. Das hat ihm das Leben gerettet.

Wir singen ein altes Sternsingerlied:

- Lied: Es ist für uns eine Zeit angekommen (EG 543, 1–7)
- Gebet als Fürbitte für aktuelle Notlagen in der Welt
- Vaterunser
- Segen
- Musik

Hinweise

In dem hier vorliegenden Entwurf steht die mittelalterliche Legende von den Heiligen Drei Königen im Mittelpunkt. Die Legende geht über die biblische Überlieferung hinaus und interpretiert den Bibeltext auf eine volkstümliche Weise. Das mag für manchen biblischen Theologen schwierig sein, ist aber dennoch tiefsinnig: Aus den Weisen werden drei Könige. Es geht in der Geschichte also darum, wie die Machthaber dieser Welt zu Christus dem Himmelskönig stehen. Die Legende ist so stark, dass wir sie weitererzählen sollten als eine Auslegung des Bibeltextes.

Die Frage nach der Bedeutung der Maria in der mittelalterlichen Theologie als Himmelkönigin wird in dieser Andacht nicht betont, auch wenn Maria auf dem gezeigten Bild so dargestellt wird.

Abb. 1: Heilige Drei Könige von Conrad von Soest in der Stadtkirche Bad Wildungen (© Foto-Design HAHN, 34549 Edertal)

Der bei Matthäus berichtete Kindermord von Bethlehem bleibt bewusst unerwähnt, um das Erleben der Andacht nicht zu überfrachten.

Es ist unser Bemühen, Menschen mit einer Behinderung nicht auszugrenzen und – so gut wie möglich – in das Geschehen im Gottesdienst mit einzubeziehen. In fast allen Gruppen von Senioren sind Blinde und Sehbehinderte mit dabei. Deshalb verwende ich bei den Erlebnisgottesdiensten in der Regel keine Bilder. Das bedeutet aber auch, dass wir einen ganzen großen Schatz an christlichen Kunstwerken so nicht nutzen können. Eigentlich ist das schade. Deshalb sei hier einmal mit dem Tafelbild des Conrad von Soest eine Ausnahme gemacht.

Dabei ist es wichtig, dass wir das Kunstwerk gut präsentieren. Am eindrücklichsten ist natürlich eine Projektion mit dem Beamer an eine Leinwand. Wenn das nicht möglich ist oder technisch zu aufwendig erscheint, dann kann man auch jeder Teilnehmerin und jedem Teilnehmer eine Kopie in die Hand geben – entweder als farbigen Ausdruck auf einem Bogen Kopierpapier in DIN A4 oder in Postkartengröße, ausgedruckt z. B. in einem Fotogeschäft. Verluste an der Qualität muss man dabei in Kauf nehmen.

Genauso wichtig ist aber auch, dass man das Bild ausführlich mit Worten beschreibt, sodass alle, insbesondere die blinden und sehbehinderten Menschen, sich das Kunstwerk vor dem inneren Auge vorstellen können.

Manche evangelische Kirchengemeinde hat vielleicht einen Satz an Kostümen für das jährlich wiederkehrende Krippenspiel. Daraus könnte man das Kostüm eines Königs mit einer Krone aus Goldpapier, einem farbenprächtigen Umhang und einem königlichen Geschenk in einer goldenen Dose ausleihen, um die schönen Stücke im Gottesdienst von Hand zu Hand gehen zu lassen.

Katholische Gemeinden kennen in der Regel den Brauch der Sternsinger und haben einen großen Fundus an Königskostümen im Schrank liegen, von dem man sich etwas ausleihen könnte.

Ideal wäre natürlich, wenn Kinder als Könige verkleidet selbst ins Altersheim kommen könnten, um für die altgewordene Gemeinde zu singen.

4 Mit der Heiligen Familie auf der Flucht

Jahreszeit
Im Januar

Materialien
Ein Bild mit dem bekannten Motiv *Flucht nach Ägypten* oder *Ruhe auf der Flucht,* z. B. von Philipp Otto Runge oder einem anderen Künstler. (Hier wurde ein schlichter, selbst entworfener, handgefertigter Scherenschnitt mit sehr klaren Formen aus Familienbesitz verwendet.)

- Musik
- Lied: Befiehl du deine Wege (EG 361, 1–4 + 12)
- Psalm 37,5–8

5 Befiehl dem HERRN deine Wege und hoffe auf ihn, er wird's wohlmachen
6 und wird deine Gerechtigkeit heraufführen wie das Licht und dein Recht wie den Mittag.
7 Sei stille dem HERRN und warte auf ihn, entrüste dich nicht über den, dem es gut geht, der seinen Mutwillen treibt.
8 Steh ab vom Zorn und lass den Grimm, entrüste dich nicht, dass du nicht Unrecht tust.

- Liturgie
- Gebet
- Schriftlesung: Matthäus 2,13–15 + 19–21

13 Als sie aber hinweggezogen waren, siehe, da erschien der Engel des HERRN dem Josef im Traum und sprach: Steh auf, nimm das Kindlein und seine Mutter mit dir und flieh nach Ägypten und bleib dort, bis ich dir's sage; denn Herodes hat vor, das Kindlein zu suchen, um es umzubringen.
14 Da stand er auf und nahm das Kindlein und seine Mutter mit sich bei Nacht und entwich nach
Ägypten 15 und blieb dort bis nach dem Tod des Herodes, auf dass erfüllt würde, was der Herr durch den Propheten gesagt hat, der da spricht: »Aus Ägypten habe ich meinen Sohn gerufen.«
19 Als aber Herodes gestorben war, siehe, da erschien der Engel des HERRN dem Josef im Traum
in Ägypten 20 und sprach: Steh auf, nimm das Kindlein und seine Mutter mit dir und zieh hin in das Land Israel. Sie sind gestorben, die dem Kindlein nach dem Leben getrachtet haben.
21 Da stand er auf und nahm das Kindlein und seine Mutter mit sich und kam in das Land Israel.

Ein Bild von der Flucht der Heiligen Familie wird gezeigt und mit knappen Worten beschrieben, damit sich auch die Blinden und Sehbehinderten eine Vorstellung davon machen können. Dann wird es in die Mitte gelegt oder wie ein Parament an den Altar gehängt.

Erzählung
Die Heilige Familie musste fliehen: Der böse König Herodes hatte von den Weisen aus dem Morgenland erfahren, dass Jesus geboren worden war: Für das jüdische Volk ein erbberechtigtes Königskind. Dass Jesus zugleich der Sohn Gottes ist, verstand Herodes vermutlich nicht. Er glaubte aber, dass dieses Kind für ihn und seine Familie eine Gefahr bedeuten würde. Deshalb versuchte er, Jesus zu finden und zu töten. Josef hörte aber auf die Stimme Gottes, die er im Traum wahrnahm. Er floh nach **Ägypten** und brachte das Kind in Sicherheit.

Wie die Heilige Familie dort gelebt hat, erfahren wir aus der Bibel nicht. Aber jeder kann sich vorstellen, dass das Leben im fremden Land nicht leicht war.

Jesus ist der Sohn Gottes hier auf Erden: Gott als ein Mensch unter Menschen. Und die Verhältnisse, mit denen er fertig werden musste, waren von Anfang an schwer: Er wurde geboren als ein **Flüchtlingskind**!

Einige von Ihnen werden sich daran erinnern, wie sie aus **Ostpreußen oder Pommern** geflohen sind, mitten im Winter 1944/45. Einige mussten über das zugefrorene Haff übers Eis fliehen und waren dabei in Gefahr, von russischen Fliegern beschossen zu werden. Die weitere Flucht war nur möglich mit Schiffen von Danzig aus. Auch das war sehr gefährlich.

Andere sind aus Hinterpommern auf dem Landweg in den Westen gekommen.

Im Jahre 1946 musste auch die Bevölkerung von **Schlesien** fliehen. Sie wurden ausgewiesen und kamen als Letzte im Westen an.

Am neuen Ort angekommen, hatten sie fast alles verloren, was sie besaßen. Sie waren fremd und verstanden die Sprache nicht, die man im Westen sprach. Auch Bauern, die vorher ihr eigenes Land gehabt hatten, mussten nun als Landarbeiter schwer arbeiten, später in der Industrie. Es brauchte Jahre, bis sie sich im Westen heimisch fühlten. Irgendwann konnte man sich mit staatlicher Unterstützung ein kleines Häuschen bauen. Aber immer wieder quälte die Frage: Werden wir noch einmal zurückkehren in unsere alte Heimat? Irgendwann wusste man dann aber: Es wird nie wieder so werden wie früher. Heute würden die Kinder und Enkel gar nicht mehr zurückwollen, auch wenn das möglich wäre.

Andere können vielleicht eine Geschichte erzählen von der **Flucht aus der ehemaligen DDR**. Bis 1963 war es noch möglich, heimlich über Berlin auszureisen. Dann wurde die Mauer gebaut. Die innerdeutsche Grenze wurde immer stärker gesichert. Schließlich war eine Flucht lebensgefährlich. Einige Hundert sind dabei erschossen worden. Andere wurden aufgegriffen und kamen ins Gefängnis. Wieder andere wurden später als Staatsfeinde aus der damaligen DDR ausgewiesen.

1989 gelang es schließlich Tausenden, über Ungarn zu fliehen. Dann war die innerdeutsche Grenze wieder offen und man konnte wieder reisen und umziehen, wohin man wollte.

Alle, die durch eine Flucht an einen anderen Ort kamen, mussten sich unter den veränderten Verhältnissen mühsam zurechtfinden.

Sie waren Fremde, so wie Josef, Maria und das Jesuskind in Ägypten Fremde waren.

Für die Heilige Familie war es wichtig, ganz fest und sicher glauben zu können, dass Gott sie in der Fremde nicht allein lässt. Wo sie hinkamen, zog Gott mit ihnen. Wo sie in der Fremde einen Ort zum Leben suchten, war Gott schon da. Sie konnten auch in der Fremde beten und erfahren, dass Gott sie hört. Sie konnten auch in der Fremde erleben, dass Gott sie schützt und absichert. Sie konnten auch im fremden Land spüren: »Es ist alles gut – wenn wir nur glauben können, dass Gott uns hilft – auch hier in der Fremde!«

Schließlich hat Gott sie wieder zurück in die Heimat geführt: Jesus sollte ja im Lande Israel der Friedenskönig für die Welt werden.

Sie blieben dennoch lange Zeit so wie in einem Versteck verborgen und siedelten sich ganz im Norden des Landes in Galiläa an, in der Stadt **Nazareth**, weil es in Judäa, in der Region von Jerusalem und in der alten Königsstadt Bethlehem noch zu gefährlich für sie war.

Heute kommen Menschen auf der Flucht nach Deutschland, weil in ihren Heimatländern grausame Kriege geführt werden. Wir sollten die Flüchtlinge, die heute unter uns leben, gut behandeln und ihnen die Chance geben, sich hier unter uns ein neues Leben in Sicherheit aufzubauen.

– Lied: Jesu geh voran (EG 391, 1–4)

Und wie steht es mit uns? Die Bewohnerinnen und Bewohner eines Altenheims haben die Erfahrung gemacht, dass sie allein zu Hause nicht mehr zurechtkommen können. Sie sind im hohen Alter auf Pflege angewiesen – oder sie benötigen Hilfe, weil sie krank sind. Für die Familie ist die Pflege oftmals zu anstrengend. **Da ist das Altenheim ein Schutzraum.** Wenn das Leben zu Hause nicht mehr möglich ist, dann kann man im Heim Hilfe finden. Vielleicht ist der Umzug in ein Heim fast so etwas wie eine Flucht. Wir sprechen ja oft davon, dass jemand »die Flucht nach vorn« antritt: Besser im Heim als zu Hause in einer Situation, in der man nicht mehr zurechtkommen kann.

Gut, dass es das Heim gibt! Unter den gegebenen Umständen ist es das Beste, hier zu sein.

Dennoch fühlt es sich im Heim anders an als zu Hause.

So kann man verstehen, dass mancher heimlich denkt: »Ich will wieder nach Hause zurück. Ich kann das Leben auch alleine bewältigen.« Das ist aber meistens schwieriger, als man denkt. Man sollte dabei auch auf die anderen hören, die die Situation aus einem etwas anderen Blickwinkel sehen.

Vielleicht hilft die Erfahrung, die Maria und Josef gemacht haben – und dann auch viele andere Flüchtlinge auf der Welt: In der Fremde ist es nicht so wie zu Hause. Das ist leider so. Es war leider notwendig »zu fliehen«. Aber nun ist es besser, dass wir hier in Sicherheit sind, als dort zu bleiben, wo ein sicheres Leben nicht mehr möglich war. Und vor allem gilt das eine: Gott ist da – wo wir auch hinkommen!

Bei allem sollten wir nicht vergessen: Alles, was wir hier auf Erden erleben, ist vorläufig. Wir sind ein ganzes Leben lang unterwegs. Frieden finden wir am Ende bei ihm – dann, wenn wir in den Himmel kommen.

– Schriftlesung: Hebräer 13,14
  Denn wir haben hier keine bleibende Stadt, sondern die zukünftige suchen wir.
– Gebet

- Vaterunser
- Segen
- Lied: Wer nur den lieben Gott lässt walten (EG 369, 1–3 + 7)
- Musik

Hinweise

Die Erlebnisphase ist in diesem Gottesdienst etwas knapp gehalten.

Das wird ausgeglichen durch die Erinnerung an die eigene Geschichte aus der Zeit des Krieges. Für die Flüchtlinge und »Kriegskinder« werden dabei möglicherweise traumatische Erinnerungen wieder wach. Der Mensch muss ja ein Leben lang die Erfahrungen der Kindheit ständig weiterverarbeiten.

Auch die Einheimischen können sich der Geschichte von Flucht und Vertreibung nicht entziehen, da sie miterlebt haben, wie Flüchtlinge bei ihnen einquartiert wurden und sich später hier in unsere Gesellschaft im Westen integriert haben.

Die Auseinandersetzung mit der gegenwärtigen Flüchtlingsproblematik wird in diesem Gottesdienst bewusst nur kurz angedeutet, um die Senioren nicht zu sehr zu belasten.

5 Palmsonntag, Gründonnerstag, Karfreitag und die Hoffnung auf Ostern

Mit Abendmahlsfeier

Jahreszeit

In der Passionszeit oder der Karwoche – aber noch vor Ostern

Material

Ein grüner Zweig als »Palmwedel« geschmückt mit einer roten Rose, Abendmahls-Geschirr, eine Dornenkrone aus dornigen Zweigen geflochten in realistischer Größe, drei rote Ziegelsteine, ein Teelicht.

- Musik

Wir feiern bald **Ostern**. Dazu gehört **Palmsonntag** und auch die ernsten Feiertage **Gründonnerstag** und **Karfreitag**. Wir begleiten Jesus auf seinem schweren Gang, den er gegangen ist bis zu seinem Tod am Kreuz.

Wir erleben dabei die Geschichte so, wie sie für uns im Matthäusevangelium aufgeschrieben ist:

Palmsonntag: Jesus zieht in Jerusalem ein

Erzählung nach Matthäus 21,1-5

Jesus ist mit seinen Jüngern unterwegs nach Jerusalem zum Passafest. Das war schon immer das größte Fest des Volkes Gottes. Deshalb sind viele Leute mit ihnen zusammen auf der Straße unterwegs. Jesus hat vorher im ganzen Lande gepredigt und die Kranken geheilt. Jetzt will er in die Hauptstadt zum Tempel Gottes. Es hat sich herumgesprochen: »Hier kommt der Retter, den Gott uns schickt, um sein Volk zu befreien.« Die Leute denken dabei allerdings an einen starken König, der mit vielen Soldaten kommt und auf einem schnellen Pferd reitet.

Jesus ist schon in der Nähe der Stadt. Er muss nur noch über den Ölberg ziehen, der ein wenig höher liegt als der Berg Zion, auf dem die Stadt und der Tempel gebaut sind. Da liegt das kleine Dorf Betfage: Jesus schickt seine Jünger voraus, um einen Esel auszuleihen. Das wundert alle sehr. »Ein Esel ist doch ein unscheinbares Lasttier. Wie kann ein König auf einem Esel reiten?«

Wir hören den Text, wie er in der Bibel steht:

- Schriftlesung: Matthäus 21,6–9

6 Die Jünger gingen hin und taten, wie ihnen Jesus befohlen hatte, 7 und brachten die Eselin und das Füllen und legten ihre Kleider darauf, und er setzte sich darauf. 8 Aber eine sehr große Menge breitete ihre Kleider auf den Weg; andere hieben Zweige von den Bäumen und streuten sie auf den Weg. 9 Das Volk aber, das ihm voranging und nachfolgte, schrie und sprach:
Hosianna dem Sohn Davids! Gelobt sei, der da kommt in dem Namen des HERRN! Hosianna in der Höhe!

Erste Kurzpredigt

Jesus kommt als König und doch anders als erwartet: Er reitet auf einem Esel. Es ist ein Muttertier mit einem Fohlen, das ihm voran geht, ganz sanft und still und verletzlich. So stellt sich Jesus an die Seite der Schwachen in dieser Welt und macht uns damit deutlich: Ihr seid nicht allein.

Ob das die Leute wohl verstehen können? Sie begrüßen Jesus mit großer Freude und machen ihm den Weg schön mit Palmenzweigen.

Zur Anschauung

*Ein **Palmwedel**, geschmückt mit einer roten Rose, wird gezeigt und auf den Altar gelegt.*

Wir singen ein Lied, das eigentlich in die Adventszeit gehört und doch genau diese Geschichte erzählt:

- Lied: Tochter Zion (EG 13, 1–3)

Gründonnerstag:
Jesus feiert Passa mit seinen Jüngern

Zur Anschauung

Der ***Abendmahlsaltar*** *wird hergerichtet: Hostien auf dem Teller und Traubensaft im Kelch*

Erzählung nach Matthäus 26,17–20

Jesus feiert mit seinen Jüngern das **Passafest**, so wie es immer gefeiert wurde. Es ist der festlichste Abend des ganzen Jahres. Man sitzt zusammen im Kreise der Familie. Auf dem Tisch ein gebratenes Lamm, das vorher im Tempel geopfert worden war. Dazu gibt es Brot und Wein. Man feiert einen Gottesdienst nach einer ganz genau festgelegten Liturgie. Jesu ist dabei der Hausvater. Alle sind ganz gespannt. Aber dann weicht Jesus ab von der gewohnten Gottesdienstordnung:

- Schriftlesung und zugleich die Einsetzungsworte zum Abendmahl nach Matthäus 27,26–28

  26 Als sie aber aßen, nahm Jesus das Brot, dankte und brach's und gab's den Jüngern und sprach: Nehmet, esset; das ist mein Leib.
  27 Und er nahm den Kelch und dankte, gab ihnen den und sprach: Trinket alle daraus;
  28 das ist mein Blut des Bundes, das vergossen wird für viele zur Vergebung der Sünden.

Dabei nimmt der Liturg oder die Liturgin Brot und Wein und segnet die Elemente mit dem Kreuzzeichen.

Zweite Kurzpredigt

Wir sind alle eingeladen, dabei zu sein. **Jesus ist das Opferlamm.** So hat er es selber gesagt. Er stirbt, damit wir leben können. Das dürfen wir ihm glauben! Indem wir von diesen Gaben essen und trinken, sind wir ganz mit ihm verbunden. Er verschenkt sich an uns. Wir empfangen seine Gaben und versöhnen uns dabei mit Gott.

- Gebet
- Vaterunser

Das ***Abendmahl*** *wird ausgeteilt in traditioneller Weise mit den Worten: »Christi Leib für dich gegeben«, »Christi Blut für dich vergossen«. Der Liturg oder die Liturgin sollte aufmerksam darauf achten, ob jemand kein Abendmahl empfangen möchte. Für Teilnehmende, die nicht mehr aus dem Kelch trinken können, sollten Teelöffel bereit liegen.*

- Lied: Das sollt ihr Jesu Jünger (EG 221, 1–3

Karfreitag:
Jesus stirbt am Kreuz

Erzählung

Jesus wird noch in der Nacht von Soldaten gefangen genommen, vor Gericht gestellt und ohne Schuld zum Tode verurteilt.

- Schriftlesung: Matthäus 27,29–30

  27 Da nahmen die Soldaten des Statthalters Jesus mit sich in das Prätorium [*Richthaus*] und versammelten um ihn die ganze Kohorte
  28 und zogen ihn aus und legten ihm einen Purpurmantel an 29 und flochten eine Dornenkrone und setzten sie auf sein Haupt und gaben ihm ein Rohr in seine rechte Hand und beugten die Knie vor ihm und verspotteten ihn und sprachen: »Gegrüßet seist du, der Juden König!« 30 und spien ihn an und nahmen das Rohr und schlugen damit auf sein Haupt.

Zur Anschauung

Eine ***Dornenkrone*** *wird herumgegeben. Wer möchte, kann mit den Fingern erspüren, wie spitz die Dornen sind und wie schmerzhaft sie stechen können. Die Dornenkrone wird dann auf den Altar gelegt.*

Erzählung nach Matthäus 27,31 + 45

Dann ziehen sie ihm den Königsmantel aus und führen Jesus als Gefangenen nach draußen vor die Stadt. Dort nageln sie ihn an ein Kreuz und richten die Balken auf. So hängt er viele Stunden in der Sonne ohne Schutz und ohne Hilfe. Am Nachmittag, als Jesus schon schwach geworden ist, wird der Himmel mit einem Mal dunkel.

- Schriftlesung: Matthäus 27,46 + 50

  46 Und um die neunte Stunde schrie Jesus laut: Eli, Eli, lama asabtani? Das heißt: Mein Gott, mein Gott, warum hast du mich verlassen?
  50 Aber Jesus schrie abermals laut – und verschied!
- Lied: Oh Haupt voll Blut und Wunden (EG 85, 1–4)

Osterhoffnung:
Jesus wird in eine Grabhöhle gelegt

Zur Anschauung: Drei ***Mauersteine*** *werden aufgebaut: Zwei im schrägen Winkel, der dritte quer darüber.*

So bilden sie eine Höhle und symbolisieren das ***Grab Jesu***.

- Schriftlesung: Matthäus 27,57–61

57 Am Abend aber kam ein reicher Mann aus Arimathäa, der hieß Josef und war auch ein Jünger Jesu. 58 Der ging zu Pilatus und bat um den Leib Jesu. Da befahl Pilatus, man sollte ihm den geben. 59 Und Josef nahm den Leib und wickelte ihn in ein reines Leinentuch 60 und legte ihn in sein eigenes neues Grab, das er in einen Felsen hatte hauen lassen, und wälzte einen großen Stein vor die Tür des Grabes und ging davon.
61 Es waren aber dort Maria Magdalena und die andere Maria; die saßen dem Grab gegenüber.

Zur Anschauung

Das Teelicht wird entzündet und so ins »Grab« gestellt, dass man das Licht gerade noch sehen kann. Dabei sollte man darauf achten, dass die Steine nicht rußig werden.

Dritte Kurzpredigt mit Hinweis auf die Auferstehung

Am Ende des Tages kehrt Ruhe ein. Der Kampf ist vorbei. Jesus hat es geschafft. Er ist gestorben und ins Grab gelegt worden. Die Frauen, die ihm nahestanden, können aber nicht einfach nach Hause gehen. Sie bleiben noch lange am Grab und warten. **»Hatte Jesus nicht gesagt, dass er von den Toten auferstehen wird?«**

- Lied: Korn, das in die Erde (EG 98, 1–3)
- Gebet
- Segen
- Musik

Hinweise

Die vier großen Feste der Karwoche Palmsonntag, Gründonnerstag, Karfreitag und Ostern gehören inhaltlich zusammen: Ein Ereignis in der Geschichte Jesu folgt auf das andere. Ideal wäre es also, wenn man zu jedem Thema einen eigenen Gottesdienst feiern könnte. Das ist in der Regel aber nur in der Gemeinde möglich oder auf einer Freizeit.

Im Altenheim wird man nur zu einer einzigen Feier einladen können. Deshalb bietet es sich an, die verschiedenen Themen in einer Feier nacheinander jeweils kurz anzudeuten, so wie hier vorgeschlagen.

Es folgen jeweils nacheinander im Ablauf: Nacherzählung der biblischen Geschichten, Schriftlesung aus der Bibel, Kurzpredigt, Symbolhandlung zum Schmuck des Altars und ein dazu passendes Lied.

Schön wäre es, wenn die Schriftlesungen, die direkt aus der Bibel stammen, von einer anderen Person gelesen werden könnten.

Die Abendmahlsfeier ereignet sich bei diesem Ablauf mitten im Gottesdienst entsprechend dem Hergang der Geschichte und nicht erst nach einer langen Predigt am Ende des Gottesdienstes. Das entspricht dem Konzept des Erlebnisgottesdienstes.

Ein echter Palmwedel wird nicht leicht zu besorgen sein. Ein Zweig vom Buchsbaum oder Ilex tut's aber auch. Zum Schmuck wird eine rote Rose dazu gebunden zur Erinnerung an das Blut Jesu. Eine Dornenkrone aus dornigen Zweigen kann man in realistischer Größe selber flechten. Am besten dafür eignen sich Weißdorn oder Schlehdorn. Zum Flechten sollte man unbedingt Garten-Handschuhe anziehen.

Zur Praxis der Abendmahlsfeier siehe oben S. 19.

6 Ostern wird bei uns im Frühling gefeiert

Jahreszeit
Ostern oder kurz nach Ostern

Material
Eine brennende Osterkerze, ein süßer Keks, Zweige mit frischem Grün in einer Vase, ausgepustete und bemalte Eier, Schokoladen-Ostereier, ein Schokoladen-Osterhase, blühende Osterglocken

---

- Musik

Ostern wird bei uns im Frühling gefeiert. Der christliche Glaube ist auf der Nord-Halbkugel der Erde entstanden. Auf der Süd-Halbkugel ist zur gleichen Zeit Herbst. Bei uns aber ist nun Frühling.

In alten Zeiten haben die Menschen noch viel härter unter dem Winter gelitten als wir heute. Sie hatten kein elektrisches Licht, keine Gas-Heizungen und keine Möglichkeiten, mal eben schnell in die Stadt zu fahren und etwas Gesundes zum Essen einzukaufen. Für unsere Vorfahren war es im Winter unerträglich kalt, dunkel, nass und trostlos. Die Welt erschien ihnen so, als wäre sie tot. Doch dann kam der Frühling. Die Tage wurden wieder heller und wärmer und die Natur erwachte zu neuem Leben.

In dieser Zeit feiern wir Ostern. In der Kirche wird die Botschaft verkündet: **Jesus war tot, aber er ist von den Toten auferstanden und lebt!**

Da können wir von Herzen einstimmen in den Jubel der Osterlieder.

- Lied: Auf, auf mein Herz mit Freuden (EG 112, 1–3)
- Psalm 118,1 + 17 + 22–24

1 Danket dem HERRN; denn er ist freundlich, und seine Güte währet ewiglich.
17 Ich werde nicht sterben, sondern leben und des HERRN Werke verkündigen.
22 Der Stein, den die Bauleute verworfen haben, ist zum Eckstein geworden.
23 Das ist vom HERRN geschehen und ist ein Wunder vor unsern Augen.
24 Dies ist der Tag, den der HERR macht; lasst uns freuen und fröhlich an ihm sein.

- Liturgie
- Gebet
- Schriftlesung: Matthäus 28,1–2 + 5–6 + 8

1 Als aber der Sabbat vorüber war und der erste Tag der Woche anbrach, kamen Maria Magdalena und die andere Maria, um nach dem Grab zu sehen. 2 Und siehe, es geschah ein großes Erdbeben.
5 Aber der Engel sprach zu den Frauen: Fürchtet euch nicht! Ich weiß, dass ihr Jesus, den Gekreuzigten, sucht. 6 Er ist nicht hier; er ist auferstanden, wie er gesagt hat. Kommt und seht die Stätte, wo er gelegen hat.
8 Und sie gingen eilends weg vom Grab mit Furcht und großer Freude und liefen, um es seinen Jüngern zu verkündigen.

Was kann uns helfen, Ostern zu begreifen und zu feiern?

Zunächst ist es Brauch, eine **Osterkerze** anzuzünden. Der Osterfrühgottesdienst beginnt traditionell früh morgens in der dunklen Kirche. Die Gottesdienstbesucher müssen sich ihren Platz im Dunkeln suchen. Alle bekommen am Eingang eine schmale Kerze in die Hand. Dann wird eine einzige, brennende Kerze hereingetragen. Ein Sänger singt: »Christus ist das Licht!« und die Gemeinde antwortet: »Gott sei ewig Dank!« Dann wird das Licht weitergegeben von einem zum anderen. Und man begrüßt sich mit dem Ruf:

»Der Herr ist auferstanden! Er ist wahrhaftig auferstanden.«

Und die Kirche ist bald von vielen Kerzen hell erleuchtet.

Eine Kerze wird entzündet und auf den Altar gestellt.

Wir Christen glauben, dass Jesus nach seinem Tod durch seine Auferstehung auch unseren Tod besiegt hat.

Vor Ostern wurde früher eine strenge und sehr ernste Fastenzeit eingehalten. Doch dann wurde ein fröhlicher Ostergottesdienst gefeiert. Dazu gehörte früher ein kräftiges **Osterlachen**.

Und natürlich die vielen besonders fröhlichen **Osterlieder**.

Wenn wir singen, zittert es beim »Halleluja« ordentlich in unserem Bauch – so, als ob wir lachen: Halleluja-ha-ha!

- Lied: Gelobt sei Gott im höchsten Thron (EG 103, 1–4)

Der **Sonnenaufgang**: Wenn die Leute nach dem Frühgottesdienst aus der Kirche kommen, ist gerade die Sonne aufgegangen. Der frühe Morgen begrüßt den auferstandenen Herrn.

Nach der Kirche setzt sich die Gemeinde zu Tisch zu einem kräftigen **Osterfrühstück**.

Für alle Teilnehmerinnen und Teilnehmer wird ein kleiner, süßer Keks herumgereicht als Osterkuchen.

Der Altar in der Kirche und auch der Frühstückstisch werden geschmückt mit dem **Osterstrauß**: frischen Zweigen mit dem ersten Grün und gerade erst aufgebrochenen Blüten.

Ein Strauß mit frischen Zweigen wird auf den Altar gestellt. Der Osterstrauß wird geschmückt mit ausgepusteten und bemalten ***Ostereiern****.*

Was hat denn das Osterei mit Ostern zu tun? Es ist ein Bild für das geschlossene Grab, in das Jesus gelegt worden war.

In seiner Auferstehung sprengt Jesus das Grab.

Und das **Osterküken** sprengt die Schale seines Eis, wenn es schlüpfen und an die Luft und ins Leben krabbeln will.

Leider können wir das heute nicht mehr so leicht vorführen. Aber wer noch einen Hühnerstall und eigene Hühner hat, der kann erleben, wie eine Glucke brütet. Es dauert genau 21 Tage. Dann schlüpfen die gelben Küken!

Schokoladen-Ostereier sind nur ein müdes Abbild von einem echten lebendigen Osterei. Aber wir essen sie trotzdem gern.

Schokoladen-Ostereier werden herumgegeben und auf den Altar gelegt.

So ist es auch mit dem **Osterhasen**.

Ein Schokoladen-Osterhase wird auf den Altar gestellt.

Natürlich legt der Hase keine Eier. Aber Hasen gehören seit alters her zu Ostern dazu, weil die jungen Häschen wie die meisten Tierkinder im Frühling geboren werden.

Nach dem strengen Winter setzt das Leben sich durch – und wir Christen feiern die Auferstehung unseres Herrn!

Deshalb heißen die gelben Narzissen auch **Osterglocken**.

Der Seelsorger kommt mit einer blühenden Osterglocke herum und »klingelt« spielerisch bei den Teilnehmerinnen am Ohr.

Ob wir wohl das Leuten der Glocken hören?

Dann werden einige Osterglocken zu dem Osterstrauß gesteckt.

- Lied: Alle Vögel sind schon da
- Gebet
- Vaterunser
- Segen

Wir singen noch ein bekanntes, altes Osterlied, nach dem man auch einen Walzer tanzen kann.

- Lied: Wir wollen alle fröhlich sein (EG 100, 1, 2, 4)
- Musik

Hinweise

Die Osterbotschaft ist schwer zu verstehen. Das Wort von der Auferstehung entzieht sich jedem rationalen Nachweis. So ist es gerade auch bei alten und möglicherweise demenzkranken Menschen wichtig, die Botschaft erlebbar zu machen durch die biblische Geschichte, durch die Lieder, aber auch durch einen Reigen an Symbolen.

Das Lied »Alle Vögel sind schon da« ist Allgemeingut und in vielen Sammlungen zugänglich. Es ist bei unseren Senioren eines der beliebtesten Lieder.

Die Osterfeier soll fröhlich und locker enden mit dem schwungvollen Dreivierteltakt von »Wir wollen alle fröhlich sein«.

7 Erntedank – mehr als ein Erntefest der Bauern

Jahreszeit

Erntedankfest wird in den Gemeinden jedes Jahr am ersten Sonntag im Oktober begangen. Ein Altenheimgottesdienst zu Erntedank müsste danach, also in der ersten oder zweiten Oktoberwoche gefeiert werden.

Materialien

Verschiedene Gaben für den Erntedankaltar, darunter Äpfel, Kartoffeln, Gemüse, Nüsse, Blumen, Kornähren, usw.; aber auch ein gekauftes Glas Marmelade aus dem Supermarkt und Bananen, die aus Übersee stammen.

- Musik
- Lied: Ich singe Dir mit Herz und Mund (EG 324, 1–8)
- Psalm 104,1 + 10–24 + 27–28 + 35b

  1 Lobe den HERRN, meine Seele! HERR, mein Gott, du bist sehr groß; in Hoheit und Pracht bist du gekleidet.
  14 Du lässest Gras wachsen für das Vieh und Saat zu Nutz den Menschen, dass du Brot aus der Erde hervorbringst,
  15 dass der Wein erfreue des Menschen Herz und sein Antlitz glänze vom Öl und das Brot des Menschen Herz stärke.
  24 HERR, wie sind deine Werke so groß und viel! Du hast sie alle weise geordnet, und die Erde ist voll deiner Güter.
  27 Es wartet alles auf dich, dass du ihnen Speise gebest zu seiner Zeit. 28 Wenn du ihnen gibst, so sammeln sie; wenn du deine Hand auftust, so werden sie mit Gutem gesättigt.
- Liturgie
- Gebet
- Psalm 107,1

  Danket dem HERRN, denn er ist freundlich, und seine Güte währet ewiglich.

Erinnerungen an das Erntedankfest in früherer Zeit:

Eine ältere Dame ging selten in die Kirche. Aber sie hatte **Äpfel** im Garten, die besonders gut dufteten. Die brachte sie zum Erntedankfest zur Kirche. Dann nahm sie ihren kleinen Enkel am Sonntag mit zum Gottesdienst. Der Junge freute sich darüber, dass die ganze Kirche so gut nach »seinen« Äpfeln roch.

Eine Mutter hatte im Garten besonders große **Dahlien**. Sie schickte ihren 10-jährigen Sohn am Samstag vor dem Erntedankfest beim Abendläuten mit den Blumen in die Kirche, damit sie am Sonntag den Altar schmücken sollten. Als er am anderen Morgen in den Gottesdienst kam, war er ganz stolz darauf, als er »seine« Dahlien zwischen den Kornähren leuchten sah.

In einem Bauerndorf war es Brauch, dass die **Konfirmanden** am Samstag vor dem Erntedankfest **mit einem Bollerwagen durch das Dorf zogen** und an den verschiedenen Häusern um Erntegaben für den Altar in der Kirche baten. Fast jeder gab etwas, auch die Leute, die nicht regelmäßig zur Kirche kamen. Das Erntedankfest gehörte einfach zum Dorfleben dazu.

Erzählung nach 2. Mose 25,23 + 30 und 3. Mose 24,5 + 6

Im Tempel von Jerusalem gab es für alle sichtbar einen schön geschmückten Tisch:

In jedem der zwölf Monate war einer der zwölf Stämme Israels an der Reihe, Brote in den Tempel zu bringen, die auf den **»Schaubrot-Tischen«** öffentlich ausgestellt wurden als ein Zeichen der Dankbarkeit.

Das war ein für alle sichtbares Gebet: »Gott, wir danken Dir, dass du uns Brot zum Leben gibst.«

Der geschmückte Altar zum Erntedankfest in der christlichen Kirche setzt diese biblische Tradition fort.

Wir schmücken einen eigenen, kleinen Altar mit Erntegaben: *Einige Kornhalme, Blumen, Kartoffeln, Möhren mit Kraut, Kohlrabi, Kürbis, Äpfel, Brot, Weintrauben. Die Gaben werden gezeigt, vielleicht auch von Hand zu Hand weitergegeben. Dazu kann man etwas zu der Herkunft dieser speziellen Gaben sagen. Manches hat der Seelsorger vielleicht im eigenen Garten gezogen. Manches stammt eventuell sogar aus den früheren*

Gärten der Bewohnerinnen. Manches muss dazugekauft werden.

Ein Apfel wird geschält. *Jeder darf ein Stück probieren. Ebenso darf jede von den Weintrauben probieren.*

Ein Marmeladenglas wird dazugestellt.

Dazu die Frage: Die Beeren dafür sind nicht im Garten geerntet worden. Das **Glas Marmelade** ist mit Geld im Laden gekauft worden. Kann man das denn auch auf den Erntedankaltar stellen? Antwort: Natürlich, wir essen diese Marmelade ja auch und lassen sie uns schmecken. Deshalb sollte man dafür auch dankbar sein.

Eine Banane wird gezeigt, die in Deutschland nicht wächst und doch von uns gern gegessen wird.

Dazu die Frage: Kann man auch eine **Banane** für den Erntedankaltar spenden? Die stammt doch gar nicht aus einem Garten oder von einem Bauernhof bei uns. Antwort: Natürlich gehören auch Bananen auf den Erntedankaltar! Bananen sind gesund und schmecken uns gut, auch wenn wir sie aus wärmeren Ländern einführen müssen. Es ist auch ein Grund zum Danken, dass wir Bananen haben.

In einem **Familiengottesdienst** brachten einmal Kinder und Eltern viele andere Dinge mit, für die sie dankbar sind: Spielzeug, Schulbücher, Werkzeug zum Arbeiten;

Ein Vater brachte das Grundgesetz der Bundesrepublik Deutschland mit, in dem unsere Rechte als Bürger und Menschen festgehalten sind.

Eine Mutter setzte ihr eigenes Kind auf den Altar: »Mein Kind ist das Wertvollste, das ich habe!«

Konfirmanden fragten trotzdem kritisch: Unsere Eltern haben hart für unser Essen gearbeitet. Warum sollen wir uns dafür bei Gott bedanken? Der Pastor fragte zurück: Woher kommt die Lebenskraft, um diese Arbeit zu leisten?

Wir danken auch für die Gesundheit und überhaupt dafür, dass wir leben.

Früher war den Leuten deutlicher bewusst, dass sie ihr Leben nicht in der eigenen Hand haben. Sie wussten, dass sie abhängig sind von vielen Umständen, die sie nicht verändern konnten. Die Bauern erlebten früher noch viel unmittelbarer als heute, dass sie auf günstiges Wetter angewiesen waren, dazu auf die Fruchtbarkeit des Bodens und die Keimfähigkeit des Saatgutes.

Wenn wir es recht bedenken, sind wir auch heute noch abhängig davon, dass Gott uns das Leben gibt und erhält.

Erntedank ist eben nicht nur ein Bauernfest. Es sollte von allen gefeiert werden, die gern leben.

- Lied: Wir pflügen und wir streuen
- Dankgebet

Wir danken für unser Leben, für eine gute Ernte, für unser Essen, für günstiges Wetter, für die Kraft zum Arbeiten, Gesundheit, stabile Lebensverhältnisse in unserer Welt, für das Altenheim als Ort zum Leben im Alter.

- Vaterunser
- Segen
- Lied: Freuet euch der schönen Erde (EG 510, 1–5)
- Musik

Nachdenkliches zum Abschluss: **Was passiert hinterher mit den Erntegaben?** Es gibt verschiedene Möglichkeiten:

a) Sie werden den Armen in der Gemeinde ins Haus gebracht. Das ist schwierig. Heutzutage will niemand zugeben, dass er arm ist. Auch muss man sehen, dass niemand bevorzugt wird. Vielleicht kann man aber die Erntegaben einer der »Tafeln« geben zum Verteilen an ihre »Kunden«.
b) Der Kindergarten darf damit Essen kochen. Das ist den Erzieherinnen aber meist viel zu mühsam.
c) Sie werden im Anschluss bei einem Fest gemeinsam verspeist. Das wäre eigentlich die beste Idee.

Hinweise

Wo der Seelsorger oder die Seelsorgerin Gaben für den Schmuck des Altars findet, hängt von der Gelegenheit ab. Mancher kann vielleicht ein paar Äpfel, Blumen oder Küchenkräuter im eigenen Garten ernten. Besonders schön ist es, wenn man Kontakte zu Angehörigen der Heimbewohnerinnen hat und einige Gaben speziell für Erntedank geschenkt bekommt. Es ist aber auch nicht ehrenrührig, Gaben für den Altar im Supermarkt zu kaufen.

In einer Gemeinde war es Brauch, dass die Erntegaben mehrfach verwendet wurden. Erst wurde damit der Altar in der Kirche für den Sonntagsgottesdienst geschmückt. Am Montag kam der Kindergarten für eine Andacht zum Altar in die Kirche. Danach wurden die Gaben ins Altenheim gebracht und dort wurde an einem Wochentag damit zum dritten Mal ein Altar geschmückt.

Bei dem hier vorgestellten Gottesdienst im Altenheim habe ich die problematischen Themen, die man an Erntedank auch entfalten könnte, bewusst weggelassen: Der Hunger in der Welt, der Ruf nach Gerechtigkeit, die Klage über die Zerstörung der Umwelt, die Bitte um Spenden, die Erinnerung an die Vergänglichkeit aller Dinge, die Erinnerung an unsere Sterblichkeit. Das sind alles Themen, die hier vernachlässigt werden. Die Senioren können in ihrem hohen Alter doch nicht mehr viel tun, um die Welt zu retten. Ihnen steht es aber zu, sich unbeschwert an den schönen Seiten des Lebens zu freuen. Deshalb soll in diesem Altenheimgottesdienst die Dankbarkeit im Mittelpunkt stehen.

8 Volkstrauertag – »Wildgänse rauschen durch die Nacht …«

Jahreszeit
Im November vor oder nach dem Volkstrauertag

Materialien
Das Lied »Wildgänse rauschen durch die Nacht« in zwei verschiedenen Melodien

---

- Musik
- Lied: Aus tiefer Not schrei ich zu dir (EG 299, 1–3)
- Liturgie
- Gebet

Wir können in diesen Wochen im November die **Wildgänse** beobachten, die bei uns zu Gast sind. Auf ihrer Reise in den Süden machen sie bei uns Station, um zu rasten und um sich für die weitere Reise zu kräftigen. Wir können beobachten, wie sie über uns dahinfliegen im geordneten Keil in stolzer Formation – ein bisschen wie Soldaten.

Das Lied »Wildgänse rauschen durch die Nacht« stammt aus der Zeit des Ersten Weltkrieges und ist jetzt über 100 Jahre alt.

Das Lied wird als Gedicht langsam und nachdenklich gelesen:

Wildgänse rauschen durch die Nacht
mit schrillem Schrei nach Norden –
Unstete Fahrt! Habt acht, habt acht!
Die Welt ist voller Morden.

Fahrt durch die nachtdurchwogte Welt,
graureisige Geschwader!
Fahlhelle zuckt und Schlachtruf gellt,
weit wallt und wogt der Hader.

Rausch' zu, fahr' zu, du graues Heer!
Rauscht zu, fahrt zu nach Norden!
Fahrt ihr nach Süden übers Meer –
was ist aus uns geworden?

Wir sind wie ihr ein graues Heer
und fahr'n in Kaisers Namen,
und fahr'n wir ohne Wiederkehr,
rauscht uns im Herbst ein Amen!

Text: Walter Flex (1887–1917)

Die Geschichte dazu
Das Lied wurde im Jahre 1916 mitten im Ersten Weltkrieg in Frankreich geschrieben von Walter Flex (1887–1917), einem Soldaten im Schützengraben. Als Walter Flex eines Abends im Frühjahr auf vorgeschobenem Posten Wache hatte, beobachtete er Wildgänse. In einem majestätisch geordneten Keil zogen die Gänse hoch oben über ihm dahin. Sie waren wie jedes Jahr unterwegs aus dem warmen Süden hin zu ihren Brutquartieren in Norwegen und Schweden. Der Soldat fühlte sich spontan mit den Gänsen verbunden: **»Wir sind wie ihr ein graues Heer …«**. Die Graugänse und die Soldaten in feldgrauer Uniform waren für ihn wie Brüder. Aber die Wildgänse sind frei. Grenzen können sie nicht aufhalten. So flogen sie über das Schlachtfeld hinweg. Der Soldat im Krieg war dagegen wie ein Gefangener. Er konnte aus dem Schützengraben nicht heraus, auch wenn die Fortsetzung der Kämpfe vielleicht schon bald seinen Tod bedeuten sollte. Deshalb die nachdenkliche Bitte an die Gänse: **»… und fahr'n *wir* ohne Wiederkehr, rauscht uns im Herbst ein Amen!«** Es ist so, als ob er die Gänse bitten wollte: »Wenn ihr im Herbst zurückkommt und noch einmal über diese gleiche Landschaft fliegt, **dann sind wir** feldgrauen Soldaten **vielleicht alle schon tot**. Dann denkt bitte an uns! Das Rauschen eures Flügelschlages soll für uns sein wie ein Gebet: Amen!«

Es gibt für dieses Gedicht **zwei Melodien**: Die eine, vermutlich **etwas ältere Melodie**, ist nicht bekannt geworden. Sie ist im Pfadfinder-Liederbuch »Sankt Georg« aus dem Jahre 1935 abgedruckt neben der anderen, bekannteren Melodie. Mit dieser Melodie klingt das Lied **melancholisch und nachdenklich**, so wie es den Worten des ernsten Textes entspricht. Leider können wir den Dichter Walter Flex nicht mehr fragen, welche Musik er für sein Gedicht bevorzugt hätte.

Das Lied wird zunächst nach der älteren, nachdenklicheren Weise gesungen. Es ist zu erwarten, dass die meisten Teilnehmerinnen bei dieser Melodie nicht mitsingen können.

Der junge Soldat **Walter Flex** hat sein Lied später in einem **Roman** verarbeitet.

Die Handlung in Kurzfassung

Bald nachdem er das Gedicht über die Wildgänse geschrieben hatte, wurde er zusammen mit anderen Soldaten mitten im Krieg vom Schützengraben zu einem Offizierslehrgang herausgerufen. Dabei lernte er den jungen **Ernst Wurche** kennen. Der war ebenfalls in Frankreich Soldat gewesen, in einem Frontabschnitt nicht weit von Walter Flex entfernt. Nun nahmen sie beide an dem gleichen Lehrgang teil und wohnten auf derselben Stube. Als Walter ihm einmal aus seinem Tagebuch das Lied von den Wildgänsen vorlas, konnte Ernst sich daran erinnern, dass er an dem gleichen Abend ebenfalls die Gänse beobachtet hatte. Aus dieser Begegnung entstand eine tiefe Freundschaft der beiden Soldaten. Die Geschichte endete aber tragisch: **Walter musste erleben, dass Ernst** als junger Leutnant **im Kampf fiel**. Tief bewegt schrieb er die Geschichte der beiden auf – und damit die Geschichte des Liedes. **Der junge Dichter selbst fiel dann wenig später ebenfalls im Krieg.**

Er konnte also auch nicht mehr miterleben, wie sein Buch in Deutschland bekannt wurde: Der schmale Band **»Walter Flex, Der Wanderer zwischen beiden Welten«** wurde in den 1920er- und 1930er-Jahren **zu einem der am meisten gelesenen Bücher für Jungen**.

Die Jungen der nachfolgenden Generation identifizierten sich mit den Kämpfern des Ersten Weltkrieges. Daraus entstand bei Vielen eine tragische Schlussfolgerung, fast so wie ein Schwur: **»Ihr sollt nicht umsonst gestorben sein. Wir gehen in einen neuen Krieg und den werden wir dann für Deutschland gewinnen!«**

Zu dieser gefährlichen Stimmungsmache mag beigetragen haben, dass das Lied von den Wildgänsen in den Jugendgruppen der 20er- und 30er-Jahre mit einer anderen Melodie gesungen worden ist. Diese zweite, sehr schmissige Musik klang zur Gitarre gesungen **wie ein militärisches Kampflied**.

Das Lied wird noch einmal gesungen; diesmal mit der zweiten, bekannteren Melodie.

Es folgte der Zweite Weltkrieg, den die Älteren unter uns noch miterlebt haben. Das ist nun auch schon sehr lange her. Wer 1945 zum Ende des Zweiten Weltkrieges ein Kind gewesen ist, der ist heute schon über 70 Jahre alt.

Auch im zweiten Krieg ist fast in jeder Familie ein junger Mensch gefallen oder an den Folgen des Krieges gestorben.

Wir erinnern auch an die zivilen Opfer, die z. B. im Bombenkrieg ums Leben gekommen sind. Wir erinnern an die Opfer von Gewalt durch den Staat in der damaligen Zeit. Und wir erinnern daran, dass auch in den anderen Nationen, die damals im Krieg Deutschlands Gegner gewesen waren, unzählige junge Menschen ihr Leben gelassen haben.

- Lied: Verleih uns Frieden gnädiglich (EG 421)

Wie wäre wohl das Leben anders verlaufen, wenn diese jungen Menschen nicht im Krieg geblieben wären? Sie fehlten in ihren Familien. Sie konnten ihren wertvollen Beitrag zum Leben in dieser Welt nicht leisten, weil sie so früh sterben mussten.

Deutschland hat aus der furchtbaren Erfahrung des Krieges **gelernt**. Wir haben seitdem lange Jahre erlebt, in denen wir weitgehend Frieden genießen konnten. Dafür können wir sehr dankbar sein! Es ist fast so wie im Psalm 46:

- Psalm 46,2–5, 9–11 (vom Autor leicht bearbeitet)
  2 Gott ist unsre Zuversicht und Stärke, eine Hilfe in den großen Nöten, die uns getroffen haben.
  3 Darum fürchten wir uns nicht, wenngleich die Welt unterginge und die Berge mitten ins Meer sänken,
  4 wenngleich das Meer wütete und wallte und von seinem Ungestüm die Berge einfielen.
  5 Dennoch soll die Stadt Gottes fein lustig bleiben mit ihren Brünnlein, da die heiligen Wohnungen des Höchsten sind.
  6 Gott ist bei ihr drinnen, darum wird sie fest bleiben; Gott hilft ihr früh am Morgen.
  9 Kommt her und schauet die Werke des HERRN, der auf Erden [Waffen zerstört].
  10 der den Kriegen ein Ende macht in aller Welt, der Bogen zerbricht, Spieße zerschlägt und [Kampf-]Wagen mit Feuer verbrennt.
  11 [Gott, der Herr, spricht:] Seid stille und erkennet, dass ich Gott bin!«
- Gebet
- Vaterunser

Aus Dank und Freude über den Frieden, den wir erleben konnten, singen wir ein «Kleines Konzert der Hoffnung».

- Lied: Freunde, dass der Mandelzweig (EG 620, 2 ×)
- Lied: Herr, gib mir Mut zum Brücken bauen (EG 612, 1–4 + 1)
- Lied: Wo Menschen sich vergessen … da berühren sich Himmel und Erde (LebensWeisen 85)
- Segen
- Musik

Hinweise

Das Programm ist sehr ernst. Die Teilnehmerinnen werden durch die Erinnerung tief berührt sein. Die meisten Altenheimbewohner unserer Tage haben ihre Kindheit oder Jugend noch im Krieg oder unmittelbar darauf in der Nachkriegszeit verbracht. Die Erinnerung an die tragischen Ereignisse der Zeit sind vielleicht noch lebendig. Die Trauer über die gefallenen Angehörigen ist in ihnen noch vorhanden. Deshalb ist ein Altenheim-Gottesdienst zum Volkstrauertag immer noch sinnvoll.

Man muss aber vorsichtig sein. Es ist auch möglich, dass man zu schwere Gefühle anstößt, die man bei Einzelnen hinterher nicht mehr einfangen kann.

Einen Ausgleich zu den traurigen Erinnerungen können vielleicht die neueren Friedenslieder schaffen, die am Ende des Gottesdienstes Hoffnung und Zuversicht wecken.

Wem es zu mühsam ist, die ursprüngliche Melodie (s. u.) zu erarbeiten und im Gottesdienst zu verwenden, kann das Gedicht auch nur langsam vorlesen.

Lied: Wildgänse rauschen durch die Nacht

1. Weise

2. Weise

Urheber der 1. Weise nicht überliefert.
Text: Walter Flex (1887–1917)
Melodie der 2. Weise: Robert Götz, © Voggenreiter Verlag, 53343 Wachtberg (Germany)

9 Ewigkeitssonntag - Erinnerung an die Verstorbenen

Mit Abendmahl

Jahreszeit

Zweite Hälfte November, aber noch vor dem 1. Advent, Ewigkeitssonntag

Material

Persönliche Erinnerungsgegenstände, die an einzelne Verstorbene aus der Familie erinnern; Abendmahls-Geschirr

---

- Musik
- Gruß
- Lied: Ach bleib mit deiner Gnade (EG 347, 1–6)
- Psalm 91,1–2 + 11–12 + 15–16

1 Wer unter dem Schirm des Höchsten sitzt und unter dem Schatten des Allmächtigen bleibt, 2 der spricht zu dem HERRN: Meine Zuversicht und meine Burg, mein Gott, auf den ich hoffe.
11 Denn er hat seinen Engeln befohlen, dass sie dich behüten auf allen deinen Wegen, 12 dass sie dich auf den Händen tragen und du deinen Fuß nicht an einen Stein stoßest.
15 Er ruft mich an, darum will ich ihn erhören; ich bin bei ihm in der Not, ich will ihn herausreißen und zu Ehren bringen.
16 Ich will ihn sättigen mit langem Leben und will ihm zeigen mein Heil.

- Liturgie
- Gebet

Ein alter Herr erforscht das Leben seiner Vorfahren. Sein Sohn fragt ihn: »Die Vorfahren sind doch alle schon gestorben. Ist es da nicht traurig, sich so sehr mit ihnen zu beschäftigen?« Der Vater antwortet: **»Sie werden für mich wieder lebendig, indem ich mich mit ihnen beschäftige.«**

- Schriftlesung: 1. Mose 25,8

Und Abraham verschied und starb in einem guten Alter, als er alt und lebenssatt war, und wurde zu seinen Vätern versammelt.

Aktion

Exemplarische Erinnerung an Eltern und andere Familienmitglieder, die längst verstorben sind, anhand von Anschauungsstücken.

(Hier dargestellt an der Familie des Autors. Andere Seelsorger können andere, eigene Erinnerungsstücke präsentieren.)

Die Objekte werden gezeigt, herumgegeben und dann auf dem Altar gesammelt.

Schwiegervater: 2 Fotos von ihm, eins aus der Jugend, eins im Alter.

Schwiegermutter: Hat für ihren jungen Schwiegersohn einmal eine Strickjacke gefertigt, die er immer noch im Schrank aufbewahrt.

Mutter der Schwiegermutter: Hatte viele feine, weiße Handtücher aus Leinen im Schrank als Sicherheit und Geldanlage. Davon sind noch einige vorhanden.

Vater der Schwiegermutter: Er war Schneider. Von ihm haben wir noch die sehr scharfe und schwere Schneiderschere.

Vater: Er hat als junger Mann im Krieg die Feldpostbriefe gesammelt, die er an seine Eltern und an seinen Bruder geschrieben hatte und die er von ihnen bekommen hatte. In seinen späten Jahren hat er diese Briefe alle noch einmal gelesen und daraus ein anrührendes Buch zusammengestellt.

Mutter des Vaters: Sie hat bald nach dem Krieg für ihren Mann eine kleine Fahne in den Farben der Familie aus Fallschirmseide genäht. Es war damals eine sehr seltene Gelegenheit, solch einen feinen Stoff zu bekommen. Heute ist dies zarte Tuch ganz zerschlissen. Aber wir haben die Fahne noch.

Vater des Vaters: Er hat jedem seiner Kinder und seiner Enkel zur Konfirmation einen feinen Kerzenleuchter geschenkt.

Vater der Mutter: Im Bücherschrank der Mutter fand sich ein Buch von Uve Jens Kruse aus den frühen

1930er-Jahren mit dem Titel *Ich will, ich kann.* Das hat der Vater damals seinen Kindern geschenkt. Ob es ihnen wohl geholfen hat, das Leben zu meistern?

Mutter der Mutter: Sie hat als alte Dame Decken gehäkelt aus reiner Wolle. Jedes ihrer Kinder und Enkel bekam mindestens eine. Ihre Tochter hat eine Decke aus dieser Serie heute mit über 90 Jahren noch im Altenheim und wickelt sich darin ein und fühlt sich geborgen.

Bruder: Er spielte ausgezeichnet Blockflöte. Leider ist er schon früh gestorben. Seine Flöte haben wir zur Erinnerung aufbewahrt.

Wir erinnern an die Verstorbenen aus den Familien der Heimbewohner.

Ebenfalls erinnern wir an die Heimbewohner, die im letzten Jahr verstorben sind – ohne Namensnennung. Wir halten eine kurze Gedenkminute.

- Schriftlesung: Johannes 14,1–3

1 Euer Herz erschrecke nicht! Glaubt an Gott und glaubt an mich!
2 In meines Vaters Hause sind viele Wohnungen. Wenn's nicht so wäre, hätte ich dann zu euch gesagt: Ich gehe hin, euch die Stätte zu bereiten?
3 Und wenn ich hingehe, euch die Stätte zu bereiten, will ich wiederkommen und euch zu mir nehmen, auf dass auch ihr seid, wo ich bin.

Kurzpredigt

Wir dürfen Hoffnung haben: **Wenn wir gestorben sind, kommen wir zu Jesus in den Himmel. Dann treffen wir auch unsere Lieben wieder.**

Wir müssen den Tod annehmen als eine unausweichliche Gegebenheit des Lebens. Mit christlicher Hoffnung im Herzen brauchen wir davor aber keine Angst zu haben.

- Gebet
- Lied: Jesu geh voran (EG 391, 1–4)

Deutung des Abendmahls

Die Engel und auch die Verstorbenen feiern im Himmel Gottesdienst. Wir feiern hier auf Erden. Im Abendmahl sind wir mit ihnen verbunden:

- Gebet
- Einsetzungsworte
- Vaterunser
- Austeilung
- Gebet
- Segen
- Lied: So nimm denn meine Hände (EG 376, 1–3)
- Musik

Hinweise

Im November stellen sich ernste Gedanken wie von selbst ein. Das liegt vielleicht daran, dass die Tage im Herbst kürzer und die Nächte dunkler werden. Möglicherweise haben die Kirchen deshalb die gottesdienstliche Erinnerung an die Verstorbenen in diese Zeit gelegt.

Rund um den Ewigkeitssonntag oder »Totensonntag« haben die Heimbewohnerinnen also zwei Themen wie von selbst auf dem Herzen:

Die Trauer um die Verstorbenen, die vor ihnen gegangen sind. Die meisten von ihnen haben den Ehepartner verloren. Viele Geschwister, Freunde oder Weggefährten sind schon gestorben. Fast alle Angehörigen sind jünger als sie selber. Da haben die Bewohnerinnen und Bewohner der Heime mit Trauer und mit Einsamkeit zu tun.

Gleichzeitig ist es aber auch unausweichlich, dass sie selbst über ihre eigene Sterblichkeit nachdenken müssen. Sie wissen ja, dass sie auch nicht mehr viel Zeit haben. Manche wünschen sich sogar den Tod herbei, um aus ihrem mühseligen Leben befreit zu werden.

Es ist deshalb wichtig, dass wir in unseren Gottesdiensten diesen Themen nicht ausweichen. Die Erinnerung an Familienmitglieder, die schon seit einiger Zeit verstorben sind, greift das Thema auf. Indem Erinnerungsgegenstände aus dem Leben gezeigt werden, wird aber gleichzeitig von der Bitternis des Todes abgelenkt, weil man sich so eher daran erinnert, wie sie gelebt haben, als daran, dass sie gestorben sind. Dieser kleine Kunstgriff hat sich gut bewährt.

Eine namentliche Erinnerung an *alle* verstorbenen Heimbewohner und Bewohnerinnen kann man als christlicher Pastor nur mit dem Heim und seinem Personal gemeinsam gestalten, weil viele der Verstorbenen nicht mehr Mitglieder unserer Kirche gewesen sind. Deshalb ist in einem Gottesdienst die Gedenkminute ohne Namensnennung die bessere Lösung

10 Wie viel »Zeit« haben wir in der Ewigkeit?

Jahreszeit
Zweite Hälfte November, Ewigkeitssonntag, oder zu jeder anderen Jahreszeit

Materialien
Jenga-Spiel, Kurzzeitwecker

- Musik
- Lied: Jesu geh voran (EG 391, 1–4)
- Psalm 90,1–4 + 12

  1 Herr, du bist unsre Zuflucht für und für.
  2 Ehe denn die Berge wurden und die Erde und die Welt geschaffen wurden, bist du, Gott, von Ewigkeit zu Ewigkeit.
  3 Der du die Menschen lässest sterben und sprichst: Kommt wieder, Menschenkinder.
  12 Lehre uns bedenken, dass wir sterben müssen, auf dass wir klug werden.
- Liturgie
- Gebet
- Schriftlesung: 1. Mose 1,1–5

  1 Am Anfang schuf Gott Himmel und Erde.
  2 Und die Erde war wüst und leer, und Finsternis lag auf der Tiefe; und der Geist Gottes schwebte über dem Wasser.
  3 Und Gott sprach: Es werde Licht. Und es ward
  Licht. 4 Und Gott sah, dass das Licht gut war. Da
  schied Gott das Licht von der Finsternis 5 und
  nannte das Licht Tag und die Finsternis Nacht. Da ward aus Abend und Morgen der erste Tag.

Was ist eigentlich Zeit? Zunächst: Was ist ein »Tag«? Die Zeit, die die Erde braucht, um sich einmal um ihre eigene Achse zu drehen. Wie lange das dauert, kann man messen.

Dieser Zeitabschnitt besteht aus zwei Hälften: dem Tag, wenn es hell ist, und der Nacht, wenn es dunkel ist.

Jede der Hälften kann wieder aufgeteilt werden in zwölf gleiche Zeitabschnitte. Die nennt man Stunden. Das bedeutet: Ein Tag hat 24 Stunden. Jede Stunde kann weiter geteilt werden in 60 gleiche Zeitabschnitte: 60 Minuten. Jede Minute in 60 Sekunden. Das ist eine Vereinbarung unserer Kultur. Zeit kann man messen mit genauen Uhren.

Aber ist das alles, was wir über die Zeit zu sagen haben?

Wie lange dauern zwei Minuten?

Wir spielen Jenga. *Der Turm aus den Hölzchen sollte schon vorab aufgebaut worden sein. Der Seelsorger oder ein Helfer spielt das Spiel, die Teilnehmerinnen des Gottesdienstes schauen dem spannenden Ereignis zu. Zu Beginn wird der Kurzzeitwecker auf zwei Minuten gestellt. Nun werden sehr vorsichtig unten Hölzchen herausgenommen und oben wieder aufgelegt. Das Ziel ist es, innerhalb von zwei Minuten den Turm so hoch wie möglich wachsen zu lassen. Dabei versucht man, so vorsichtig zu sein, dass der Turm nicht umstürzt. Das ist spannend, vielleicht stürzt er schon vor Ablauf der Zeit ein. Nach genau zwei Minuten klingelt der Kurzzeitwecker. Der erste Teil des Experiments ist vorbei.*

Im zweiten Versuch wird der Kurzzeitwecker wieder auf zwei Minuten eingestellt. Es ist also der gleiche Zeitabschnitt wie vorher. Aber nun gibt es keine Aktivität. Es passiert nichts. Zwei Minuten lang muss einfach still gewartet werden, bis der Wecker klingelt.

Hinterher wird nach den Erfahrungen der Teilnehmerinnen gefragt.

Die meisten werden antworten: »Beim ersten Versuch haben wir nicht gemerkt, wie schnell die Zeit vergangen ist. Beim zweiten Versuch konnten wir die Zeit nicht abwarten. Es war langweilig. Die Zeit wollte gar nicht vergehen.«

Es kommt also darauf an, was in der Zeit passiert oder was wir mit der Zeit anfangen.

Ich fragte eine 90-Jährige an ihrem Geburtstag: **»Wie waren die 90 Jahre?«** Sie antwortete mit einem einzigen Wort: **»Kurz«**.

Sie hatte also ihr Leben lang keine Langeweile gehabt. Es waren 90 erfüllte Jahre gewesen, die ihr viel zu schnell vergangen sind. Das ist eigentlich ein Grund, dafür dankbar zu sein.

- Psalm 90,10:
  Unser Leben währet siebzig Jahre und wenn's hoch kommt, so sind's achtzig Jahre. Und was daran köstlich scheint, ist doch nur vergebliche Mühe, denn es fähret schnell dahin, als flögen wir davon.

Die Zeit, die der einzelne Mensch hat, ist die Zeit zwischen seiner Geburt und seinem persönlichen Tod. Wir erleben Zeit also als Lebenszeit. Und die ist für den einzelnen Menschen begrenzt. Das ist bitter, aber nicht zu ändern.

Die Bibel kennt aber noch eine andere Dimension: **die Ewigkeit**.

- Schriftlesung: Römer 11,33 + 36.
  33 O welch eine Tiefe des Reichtums, beides, der Weisheit und der Erkenntnis Gottes! Wie unbegreiflich sind seine Gerichte und unerforschlich seine Wege.
  36 Denn von ihm und durch ihn und zu ihm sind alle Dinge, ihm sei Ehre in Ewigkeit. Amen.

Gott ist der Schöpfer und Herr der Welt. Er hat also auch die Zeit geschaffen. Gott selber kennt keine Zeitnot und auch keine Langeweile. Er ist der Begrenzung von Zeit und Raum nicht unterworfen. Er war Gott, schon bevor die Zeit begann, und er wird Gott bleiben, wenn alle Zeit vergangen ist. Das bedeutet: **Er ist der Herr in Ewigkeit.**

- Psalm 90,4
  Denn tausend Jahre sind vor dir wie der Tag, der gestern vergangen ist, und wie eine Nachtwache.

Gleichnis

Ein Vogel kommt alle tausend Jahre einmal und wetzt seinen Schnabel an einem Felsen. Wenn der Felsen abgewetzt ist, dann ist eine Sekunde der Ewigkeit vergangen.

In der Ewigkeit vergeht die Zeit nicht.

Die Frage danach, wie viel Zeit wir in der Ewigkeit haben, ist also falsch gestellt.

Ewigkeit ist viel mehr als unendlich viel Zeit. Ewigkeit hat eine andere Qualität als Zeit.

- Lied: Amazing Grace

Eine später aus dem Roman »Onkel Toms Hütte« eingefügte Strophe lautet:

Wenn wir zehntausend Jahre dort gewesen sind,
Hell scheinend wie die Sonne,
Haben wir keinen Tag weniger Gottes Lob zu singen,
Als da wir angefangen haben.

Wir beten auch in jedem Gottesdienst:
Ehr sei dem Vater und dem Sohn und dem Heiligen Geist, wie es war im Anfang, jetzt und immerdar und von Ewigkeit zu Ewigkeit. Amen.

Ewigkeit bedeutet also nicht nur eine unendlich lange Zeit. Das wäre langweilig.

Ewigkeit bedeutet: »Gott ist da. Und wir sind bei ihm.« Unsere Bestimmung dort ist es, Ihm die Ehre zu geben. Das ist unvergleichlich gut – aber auch nicht zu fassen.

Ganz am Ende der Bibel steht eine wunderbare Beschreibung dafür:

- Schriftlesung: Offenbarung 21,1–5a
  **1 Und ich sah einen neuen Himmel und eine neue Erde, denn der erste Himmel und die erste Erde sind vergangen, und das Meer ist nicht
  mehr. 2 Und ich sah die heilige Stadt, das neue Jerusalem, von Gott aus dem Himmel herabkommen, bereitet wie eine geschmückte Braut für
  ihren Mann. 3 Und ich hörte eine große Stimme von dem Thron her, die sprach: Siehe da, die Hütte Gottes bei den Menschen! Und er wird bei ihnen wohnen, und sie werden seine Völker sein, und er selbst, Gott mit ihnen, wird ihr Gott sein;**
  4 und Gott wird abwischen alle Tränen von ihren Augen, und der Tod wird nicht mehr sein, noch Leid noch Geschrei noch Schmerz wird mehr sein; denn das Erste ist vergangen.
  5 Und der auf dem Thron saß, sprach: Siehe, ich mache alles neu! Und er spricht: Schreibe, denn diese Worte sind wahrhaftig und gewiss!

Die Hütte Gottes bei den Menschen: Gott kommt und errichtet ein Reich, in dem er der Herr ist und in dem es für die Bewohner keine Tränen mehr gibt. Das passiert, wenn er es will – wenn er wiederkommt – oder wenn wir sterben und zu ihm in den Himmel kommen.

Unsere Lieben, die vor uns gestorben sind, die sind schon dort. Wir werden ihnen folgen, wenn es soweit ist.

- Gebet: Wir beten für die Verstorbenen. Wir vertrauen auch uns selber ihm an.
- Vaterunser
- Segen
- Lied: So nimm denn meine Hände (EG 376, 1–3)
- Musik

Wenn der Jenga-Turm vorher noch nicht zusammengestürzt ist, kann das Spiel noch zu Ende gespielt werden. Der Spieler baut an dem Turm solange vorsichtig weiter, bis er mit lautem Getöse umstürzt. Die Gottesdienstteilnehmerinnen genießen in der Regel dabei die Spannung des Spiels und lachen, wenn der Turm einbricht.

Hinweise

Wenn man kein eigenes Jenga-Spiel hat, kann man es sich vielleicht ausleihen, z. B. beim Fundus des Kirchenkreisjugenddienstes.

Hier eine knappe Erklärung der Spielregeln: Die Hölzchen haben alle das gleiche Format. Man baut zu Beginn daraus einen Turm, bei dem in jeder Schicht drei Hölzchen nebeneinander liegen. In der zweiten Schicht liegen die Hölzchen quer zu den Hölzchen der ersten Schicht, usw. Im Spiel wird an einer beliebigen Stelle unten ein Hölzchen herausgezogen und oben wieder draufgelegt. Dabei ist für jede neue Schicht der Wechsel der Richtung einzuhalten. Aus den obersten fünf Schichten darf kein Hölzchen entnommen werden. So wird der Turm immer höher. Das Spiel ist beendet, wenn der Turm umfällt.

Das Spiel ist eigentlich gedacht als ein Kampfspiel zwischen zwei Spielern, die sich an dem gleichen Turm abwechseln. Verloren hat der Spieler, bei dem der Turm umfällt. Wenn es möglich ist, diesen Wettkampf mit jungen Leuten vorzuführen, ist das sicherlich willkommen und kann sehr spannend sein. Aber ein Wettkampf ist nicht notwendig, um erlebbar zu machen, was eine gefüllte und was eine weniger gefüllte Zeit ist. Der Seelsorger kann den Turmbau also auch allein vorführen. Man sollte aber nicht die alten Heimbewohner selber vor den anderen zum Spiel herausfordern, weil das zu einem Fehlerlebnis führen könnte.

Für den Gottesdienst kann Jenga auch durch jedes andere Spiel ersetzt werden, das für alle sichtbar und mit Spannung gespielt werden kann, z. B. Mikado mit großen, für alle erkennbaren Stäben.

II: Im Lauf der Jahreszeiten

11 »Ich will dir die Schlüssel des Himmelreichs geben …«

Jahreszeit
April, Mai, kurz nach Ostern

Material
Ein persönliches Schlüsselbund; ein Bund mit alten, rostigen Schlüsseln (die Schränke, zu denen sie einmal gehört haben, gibt es längst nicht mehr); ein großer, alter Kirchenschlüssel; eine Schlüsselblume im Topf

---

- Musik
- Lied: Großer Gott, wir loben dich (EG 331, 1–3 + 10–11)
- Psalm: 103,1–2 + 8 + 11–13 + 17–19

1 Lobe den HERRN, meine Seele, und was in mir ist, seinen heiligen Namen!
2 Lobe den HERRN, meine Seele, und vergiss nicht, was er dir Gutes getan hat:
8 Barmherzig und gnädig ist der HERR, geduldig und von großer Güte.
11 Denn so hoch der Himmel über der Erde ist, lässt er seine Gnade walten über denen, die ihn fürchten.
17 Die Gnade aber des HERRN währt von Ewigkeit zu Ewigkeit über denen, die ihn fürchten, und seine Gerechtigkeit auf Kindeskind
18 bei denen, die seinen Bund halten und gedenken an seine Gebote, dass sie danach tun.
19 Der HERR hat seinen Thron im Himmel errichtet, und sein Reich herrscht über alles.

- Liturgie
- Gebet

Erzählung
Jesus fragte seine Jünger: Was glauben die Leute? Wer bin ich wohl? Die Jünger antworteten eher unsicher: Sie glauben, du bist vielleicht ein Prophet.

Da fragte Jesus seine Jünger direkt: **Und was glaubt ihr? Wer bin ich?**

- Schriftlesung: Matthäus 16,16–19a

16 Da antwortete Simon Petrus und sprach: Du bist der Christus, des lebendigen Gottes Sohn!
17 Und Jesus antwortete und sprach zu ihm: Selig bist du, Simon, Jonas Sohn; denn Fleisch und Blut haben dir das nicht offenbart, sondern mein Vater im Himmel.
18 Und ich sage dir auch: Du bist Petrus, und auf diesen Felsen will ich meine Gemeinde bauen, und die Pforten der Hölle sollen sie nicht überwältigen.
19 Ich will dir die Schlüssel des Himmelreichs geben;

Erlebnisphase
Der Seelsorger/die Seelsorgerin zeigt ***ein persönliches Schlüsselbund:*** Die Schlüssel schaffen Zugang zu Lebensmöglichkeiten, die wichtig sind. Sie sind wie der Zugang zum »Himmel auf Erden!«

Mit dem **Autoschlüssel** kann man das Auto aufschließen. Dann kann man fahren, wohin man will. Ohne Schlüssel hätte der Pastor gar nicht hier herkommen können, um den Gottesdienst zu halten.

Mit dem **Hausschlüssel** kann man hinein in die eigene, kleine, heile Welt. Wie gut ist es doch, abends aufzuschließen, ins Haus zu gehen und sich auf den Sessel fallen zu lassen.

Wenn jemand einem geschrieben hat, dann braucht man den **Briefkastenschlüssel**, um den Brief aus dem Kasten zu nehmen und ihn zu lesen.

Der Seelsorger zeigt die persönliche **Checkkarte**. Die braucht man heutzutage, um Geld abzuheben. Dazu muss man noch die Geheimzahl im Kopf haben. Die ist also auch so etwas wie ein Schlüssel.

Ein altes, rostiges Schlüsselbund aus dem Haus der Schwiegereltern. Es wurde gefunden, als der Haushalt vor Jahren aufgelöst wurde. Man weiß heute nicht mehr, zu welchen Schlössern die vielen großen und kleinen Schlüssel gehören. Da kann man phantasiereich werden: Edle Schränke, feine Schubladen, hübsche Kästchen, manches versteckte Geheimfach für den Schmuck oder für die Liebesbriefe der alten Dame. Vielleicht hatte sie auch ein Versteck für einen Notgroschen in ihrem Schrank.

Ein **riesiger Kirchenschlüssel von der Kirche im Dorf**. Das ist der Zugang zum Heiligtum, zum Gottesdienst; zu dem Ort, der gebaut worden ist, damit uns Gott begegnet. Dort können wir die wichtigsten Fragen unseres Lebens klären: In der Kirche wird getauft; dort werden die Jugendlichen konfirmiert; die jungen Leute lassen sich dort trauen; und manchmal ist eine Beerdigung notwendig, dann steht in der Kirche ein Sarg.

Nun werden die beiden vorgestellten Schlüsselbunde und der Kirchenschlüssel von Hand zu Hand gegeben, damit jeder sie mit den Händen »begreifen« kann.

Predigt

Petrus hat von Jesus den Schlüssel für den Himmel bekommen. Dieser Schlüssel schließt den Himmel auf oder er schließt ihn zu.

Noch einmal Matthäus 16,19: Jesus sagt zu Petrus: **Ich will dir die Schlüssel des Himmelreichs geben.**

Deshalb wird Petrus in der Kirchenkunst immer mit einem Schlüssel dargestellt. Deshalb hat auch die Stadt Bremen einen Schlüssel im Stadtwappen: Die älteste Kirche in Bremen, der Bremer Dom, ist eine Petrus-Kirche.

Über Petrus mit dem Schlüssel sind schon manche Witze gemacht worden:

Der Pastor machte neulich einen Besuch zum 80. Geburtstag. Der Jubilar war übermütig und wollte den Pastor ein bisschen ärgern. Da erzählte er:

Petrus steht mit dem Schlüssel am Himmelstor. Er schließt nur auf für die Leute, die er in den Himmel rein lassen will. Einmal sind ein Busfahrer und ein Pastor gleichzeitig gestorben. Sie klopfen zusammen an das Tor. Der Busfahrer wird gleich in den Himmel gelassen, der Pastor muss draußen warten. Der Busfahrer fragt ungläubig: »Warum darf ich reinkommen und der Pastor nicht?« Petrus antwortet dem Busfahrer: »Die Leute, die mit dir in deinem Bus mitgefahren sind – die haben die ganze Zeit für dich gebetet«. Schließlich darf auch der Pastor reinkommen. Er ist schon ganz ungeduldig geworden und fragt ärgerlich: »Warum muss ich hier so lange warten? Ich bin doch ein Pastor!« Da sagt Petrus zu ihm: »Für dich hat niemand gebetet! Als du in der Kirche gepredigt hast, sind die Leute immer gleich eingeschlafen.«

Ist das der Schlüssel? Wenn jemand für uns betet, dann kommen wir in den Himmel? Wenn niemand für uns betet, dann müssen wir draußen bleiben?

Kann man das so sagen? Nein! Dann wären ja die Menschen benachteiligt, die niemanden haben, der für sie betet.

Und es ist auch nicht Petrus, der entscheidet, ob wir in den Himmel kommen, sondern der himmlische Vater selber.

Der Seelsorger zeigt eine ***Schlüsselblume***. Sie streckt ihre kleinen, gelben Blüten dem Licht entgegen. Sie ist klein, aber sie reckt sich hoch auf, so als wollte sie den Himmel aufschließen.

Deshalb haben die Leute dieser Blume auch den Namen **»Himmelsschlüssel«** gegeben,

So wie die Blume möchte ich mich auch dem Himmel entgegenstrecken. Aber komme ich dadurch in den Himmel, wenn ich einmal gestorben bin?

Nein! Ich bin nicht selbst der Schlüssel. Ich kann mir den Himmel nicht selber aufschließen.

Wir müssen noch einmal in der Bibel nachschauen. Darin finden wir den Schlüssel zum Himmel verborgen – in der Bibel, die wir auch das Wort Gottes nennen.

Noch einmal zurück zu der biblischen Geschichte:

Warum hat Jesus dem Petrus einen Schlüssel zum Himmel gegeben? Weil Petrus Jesus erkannt hat: Als Jesus ihn gefragt hat, da hat Petrus spontan geantwortet: **Du bist der Christus, des lebendigen Gottes Sohn!** Du bist der Gesalbte, der König in deinem Königreich: im Himmel und auf der Erde.

Jesus antwortet ihm daraufhin: **Fleisch und Blut haben dir das nicht offenbart, sondern mein Vater im Himmel.**

Das bedeutet: Du erkennst mich, weil Gott selber dir dafür die Augen geöffnet hat.

Hier ist also der Schlüssel:

In den Himmel kommt, wer an Jesus glaubt. Aber an Jesus glauben zu können, ist schon ein Geschenk Gottes an uns. **Ich kann glauben, weil Gott mir den Glauben schenkt.**

Das heißt also: Wir dürfen uns Jesus getrost anvertrauen – im Leben und im Sterben.

Wir alle müssen einmal sterben. Das wissen wir. Aber wir brauchen davor keine Angst zu haben.

Wer glauben kann, dass er zu Jesus gehört, den wird Jesus von den Toten auferwecken, so wie Jesus selber von den Toten auferstanden ist. Amen

- Lied: So nimm denn meine Hände (EG 376, 1–3)
- Gebet
- Vaterunser
- Segen
- Lied: Wir wollen alle fröhlich sein (EG 100, 1–3)
- Musik

Hinweise

Die verschiedenen Schlüssel, die hier als Anschauungsmaterial verwendet werden, sollte man sich besorgen können: Ein persönliches Schlüsselbund hat jeder zur Verfügung. Ein paar herrenlose, alte Schlüssel, deren Bestimmung man nicht mehr kennt, wird man irgendwo finden. Und einen ansehnlichen Kirchenschlüssel kann man sich ausleihen.

Da die echte Schlüsselblume unter Naturschutz steht und nicht einfach gepflückt werden darf, kann sie für den Gottesdienst mit ihren Wurzeln ausgegraben, in einen Topf gesetzt und später wieder eingepflanzt werden. Oder man ersetzt sie durch eine passende Primel mit einem etwas höheren Blütenstand, die man in jeder Gärtnerei kaufen kann.

Es mag unter Seelsorgern umstritten sein, wie deutlich wir im Altenheim das Tabu brechen und offen über den Tod sprechen. Meine Auffassung ist, dass wir es wagen sollten, weil wir damit eine schmerzhafte Sprachlosigkeit durchbrechen: Die Bewohnerinnen und Bewohner der Heime spüren ja an ihrem eigenen Leibe selber, dass die Zeit, die ihnen bleibt, nur noch begrenzt ist. Und sie wünschen sich, mit dieser Ahnung nicht allein gelassen zu werden.

Voraussetzung dafür ist aber, dass wir eine hilfreiche Botschaft anbieten, die die Angst vor dem Tod überwinden kann: Der Glaube an Jesus, den Gott uns schenken will, ist der Schlüssel zum Himmel. Man nennt es auch »Vertrauen«.

Die Textstelle aus Matthäus 16,19b: »Was du auf Erden binden wirst, soll auch im Himmel gebunden sein, und was du auf Erden lösen wirst, soll auch im Himmel gelöst sein« wird von Martin Luther zitiert zusammen mit einer anderen Stelle aus Johannes 20,22 + 23, wo der auferstandene Jesus zu den Jüngern sagt: »Nehmt hin den Heiligen Geist! Welchen ihr die Sünden erlasst, denen sind sie erlassen; welchen ihr sie behaltet, denen sind sie behalten.«

Im sogenannten »Amt der Schlüssel und der Beichte« wird mit beiden Stellen gemeinsam die biblische Begründung gegeben für eine evangelische Beichtpraxis in den Gemeinden. (EG 806.6 als Anhang zum Kleinen Katechismus)

Die Praxis der Beichte geht leider immer mehr verloren.

Für diesen Gottesdienst habe ich mich dennoch entschieden, die Textstelle Matthäus 16,19b beiseite zu lassen, um die Thematik nicht zu überfrachten. Einen Gottesdienst zum Thema Beichte kann man zu einer anderen Gelegenheit entwickeln. Das wäre eine große Herausforderung.

Das Bild von dem Schlüssel, der den Himmel aufschließt, sollte hier nicht überlagert werden.

Die damit verbundene inhaltliche Verkürzung der zitierten Textstelle ist nach meinem Verständnis exegetisch zulässig, weil ja ein vertrauensvoller Glaube an Christus auch die Voraussetzung ist für eine gelingende seelsorgerliche Praxis von Beichte, Absolution und Lossprechung.

Abb. 2: Geschmückter Altar (Foto: © Tobias Fischer, Lehrte)

12 Es ist wieder Frühling – können wir jetzt noch einmal von vorn beginnen?

Jahreszeit
März bis April

Material
Eine Vase mit verschiedenen frischen Zweigen, die gerade austreiben. (Schön ist es, wenn man sagen kann, zu welchen Bäumen die Zweige gehören.)

- Musik
- Lied: Geh aus mein Herz (EG 503, 1–3 + 5 + 8)
- Psalm 118,22–24
- Liturgie
- Gebet

Biblische Geschichte
Die **Sintflut** war eine Katastrophe. Alle Menschen waren in den Fluten ertrunken. Nur Noah und seine Familie wurden gerettet in der Arche, die sie dafür gebaut hatten. Als sie die Arche verließen, war das für sie wie ein Neubeginn, eine neue Chance zu leben. Sie feierten als erstes einen Gottesdienst, um sich mit Gott zu versöhnen.

Und Gott schloss mit ihnen einen Bund, der seitdem für alle Menschen gilt: **Gottes Bund mit Noah!**

- Schriftlesung: 1. Mose 8,22
  Solange die Erde steht, soll nicht aufhören Saat und Ernte, Frost und Hitze, Sommer und Winter, Tag und Nacht.

Das sagt Gott zu Noah und damit auch zu uns. Es bedeutet, Gott schenkt uns verlässliche Lebensverhältnisse: Nach einem langen Winter kommt bestimmt wieder ein neuer Frühling!

Es ist Frühling – können wir jetzt also noch einmal von vorn beginnen?

Im Herbst hatten manche von uns schwere Gedanken: »Jetzt kommt die trübe Jahreszeit. Es wird dunkel und kalt. Ob ich es wohl noch einmal über den Winter schaffe?«

Nun ist es soweit: Wir haben den Winter hinter uns. Jetzt ist Frühling. Jetzt beginnt alles von vorn. Die Natur zumindest kann von Neuem beginnen.

Aktion
Wir feiern ein Frühlingsfest: Wir füllen eine Vase mit ***frischen Zweigen*** *von Bäumen, die gerade dabei sind, neu auszutreiben. Wir freuen uns an den Farben des frischen Grüns. Zuerst eine Eiche, an der noch einige von den alten braunen Blättern hängen geblieben sind; dann eine Birke; eine Eberesche; eine Weide, die blüht; Ahorn, Linde, Haselnuss.*

Bevor die Zweige in die Vase gesteckt werden, haben alle Gelegenheit, die frischen Triebe aus der Nähe anzuschauen. Man kann auch ein Ratespiel daraus machen und bei jedem Zweig fragen: Wer kennt diesen Baum?

- Lied: Alle Vögel sind schon da (Vers 1–3)

Die Stare sind aus dem Süden zurück. Nun bauen sie ihr Nest im hohlen Baum. Die Enten sind verliebt. Auch ein Storchenpaar ist schon aus Afrika angekommen. Auf der grünen Wiese suchen sie sich Frösche.

Können wir Menschen uns auch erneuern?
Im Frauenkreis in einem Dorf fragt der Pastor: »Würden Sie gerne noch einmal 17 Jahre alt sein?« Die Antwort einer alten Dame kam schnell: »Nein, dann müsste ich ja auch wieder genauso dumm werden wie damals.«

Was für eine Frage aber auch: »Gibt es denn einen **Jungbrunnen**, in dem man nur zu baden braucht und schon wird man wieder jünger?« »Nein, den gibt es nicht! Ich bleibe so alt, wie ich bin. Und ich weiß, dass ich schon ziemlich alt bin«.

Es gibt aber ein Lied vom Jungbrunnen:

Einige Stellen aus dem Lied werden gelesen: Erst V. 3: »Wenn dich die Leute unterwegs einmal neugierig fragen, wohin die Reise geht, sag: Ins Jungbrunnenreich! …«

Dann V. 1: »Wer nur den lieben langen Tag ohne Plag, ohne Arbeit vertändelt, wer das mag, der gehört nicht zu uns …«

Der Text klingt auf den ersten Blick fast wie Propaganda aus den ersten Jahren der Hitler-Diktatur. Aber bei genauem Hinhören merkt man, dass typische Begriffe der Nazi-Propaganda fehlen. Tatsächlich ist das Lied später geschrieben.

Der **Dichter und Komponist Jens Rohwer** (1914–1994) hatte Musik studiert. Er war im Zweiten Weltkrieg Soldat. 1941 wurde er aber so schwer verwundet, dass er nicht mehr wehrtauglich war. Er wurde dann mitten im Krieg Lehrer an einer deutschsprachigen Musikschule in Posen mitten in Polen. Dort hat er das Lied im **Sommer 1944** geschrieben, also zehn Monate vor dem Ende des Krieges. Alles brach schon zusammen. In dieser Zeit waren viele Menschen verzweifelt.

Warum schreibt er in dieser Situation ein so hoffnungsfrohes Lied? Sehnt er sich vielleicht nach der Anfangszeit des Dritten Reiches zurück? Dann wäre sein Lied völlig unrealistisch gewesen. War er ein Träumer? Dazu ist ihm die Musik viel zu gut gelungen: ein wahrer Ohrwurm, schwungvoll und gekonnt.

Wie kam er also dazu, so ein Lied zu schreiben? Spürte er schon: Die Welt wird nach dem Krieg noch einmal neu anfangen dürfen?

- Lied: *Melodie wird vorgesungen oder vorgespielt. Dann wird der ganze Text gelesen.*

Wer nur den lieben langen Tag ohne Plag, ohne Arbeit
vertändelt, wer das mag, der gehört nicht zu uns.
Wir stehen des Morgens zeitig auf, hurtig mit der
Sonne Lauf
sind wir, wenn der Abend naht, nach getaner Tat
eine muntere, fürwahr, eine fröhliche Schar!

Bist du ein fleißiger Gesell, voller Lust, voller Leben,
dann schwinge dich so schnell, wie du kannst, auf
dein Pferd.
Find'st du kein Ross für deinen Plan, keinen Wagen,
keine Bahn,
dann lauf, was die Sohle hält, zu uns in die Welt;
denn wir brauchen dich, fürwahr, in der fröhlichen
Schar.

Wenn dich die Leute unterwegs einmal neugierig
fragen,
wohin die Reise geht, sag: Ins Jungbrunnenreich!
Jungbrunnen soll der Name sein, drum stimmt freudig mit uns ein:
Leben soll, solang die Welt nicht in Scherben fällt,
uns're muntere, fürwahr, uns're fröhliche Schar!

Freunde, so schließen wir zum Kreis uns're Herzen
und Hände,
und wer davon was weiß, warum bleibt er daraus?
Wir aber leben unsern Tag, loben bis zum Stundenschlag
den, der uns und unsere Welt in den Händen hält.
Darum sind wir auch fürwahr eine fröhliche Schar.

Text und Melodie: Jens Rohwer

Text und Melodie sind vom selben Künstler. Sie gehören zusammen und sind füreinander gemacht. Die Sprache des Textes kann man im Marsch-Rhythmus sprechen. Die Musik ist aber im Dreivierteltakt geschrieben. Man könnte danach Walzer tanzen. Das ergibt eine eigenartige Spannung zwischen Wort und Musik.

Schließlich wird das ganze Lied mit allen gesungen.

Woher hat Jens Rohwer den Schwung für dieses Lied genommen? Die Andeutung einer Antwort ist in V. 4 enthalten: »Wir aber leben unsern Tag, loben bis zum Stundenschlag den, der uns und unsere Welt in den Händen hält.«

Einen Jungbrunnen gibt es natürlich nicht. Aber Jens Rohwer legt dennoch sein Leben in Gottes Hand. Er will das Beste daraus machen. Er lebt im Heute. Er will die Chance des neuen Tages erkennen: Heute, wenn ich aufwache, beginnt ein neuer Tag. Heute will ich leben und das Geschenk Gottes annehmen. Wir feiern im Frühling Ostern und erinnern uns daran, dass Jesus von den Toten auferstanden ist.

- Psalm 118,22–24:
  22 Der Stein, den die Bauleute verworfen haben, ist zum Eckstein geworden.
  23 Das ist vom Herrn geschehen und ist ein Wunder vor unsern Augen.
  24 Dies ist der Tag, den der Herr macht; lasst uns freuen und fröhlich an ihm sein.

Dies ist der Osterpsalm, der von der Kirche auf Karfreitag und auf Ostern hin gedeutet wird: **Jesus war gestorben, begraben, ganz tot. Aber er lebt, er ist auferstanden! Amen, Halleluja!** Darin ist auch für uns verborgen die Hoffnung auf ein ewiges Leben bei Gott, wenn wir hier in dieser Welt einmal gestorben sind.

Für den jungen Dichter und Musiker ging das Leben tatsächlich weiter. Der Krieg war einige Monate später zu Ende. Er blieb Musiker und wurde Professor an der Musikhochschule in Lübeck. Er ist 80 Jahre alt geworden und erst 1994 gestorben.

- Gebet
- Vaterunser
- Segen
- Lied: Wie lieblich ist der Maien (EG 501, 1–4)
- Musik

Hinweise

Eine Notenfassung von »Wer nur den lieben langen Tag« findet sich nachfolgend oder auch in der Mundorgel Nr. 158.

Den Rhythmus der Sprache und die Walzermelodie miteinander in Einklang zu bringen, ist musikalisch nicht ganz einfach.

Wem es zu schwierig ist, das Lied zu singen, kann sich auch darauf beschränken, nur den Text rhythmisch zu lesen oder eine der zahlreichen Youtube-Versionen vorzuspielen.

Lied: Wer nur den lieben langen Tag

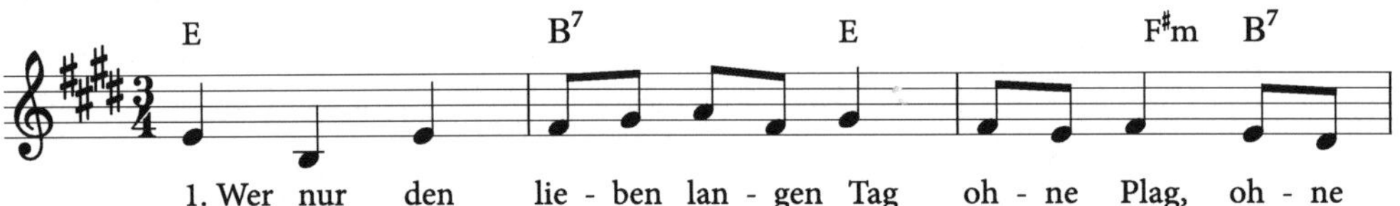

Text und Melodie: Jens Rohwer

13 Wie schmeckt der Sommer? – Wie schwer ist das Leben?

Jahreszeit

Juni

Material

Frische Erdbeeren und ein Glas »Pastorensekt« (Holunderblüten-Kaltauszug, Rezept siehe Hinweise) für jede Teilnehmerin, frisches Heu zum Schnuppern, Sense, Heurechen

---

- Musik
- Gruß
- Lied: Gott gab uns Atem, damit wir leben (EG 432, 1–3)
- Psalm 104,1–2 + 10–24

1 Lobe den HERRN, meine Seele! HERR, mein Gott, du bist sehr groß; in Hoheit und Pracht bist du gekleidet.
2 Licht ist dein Kleid, das du anhast. Du breitest den Himmel aus wie ein Zelt;
10 Du lässest Brunnen quellen in den Tälern, dass sie zwischen den Bergen dahinfließen,
11 dass alle Tiere des Feldes trinken und die Wildesel ihren Durst löschen.
12 Darüber sitzen die Vögel des Himmels und singen in den Zweigen.
13 Du tränkst die Berge von oben her, du machst das Land voll Früchte, die du schaffest.
14 Du lässest Gras wachsen für das Vieh und Saat zu Nutz den Menschen, dass du Brot aus der Erde hervorbringst,
15 dass der Wein erfreue des Menschen Herz und sein Antlitz glänze vom Öl und das Brot des Menschen Herz stärke.
16 Die Bäume des HERRN stehen voll Saft, die Zedern des Libanon, die er gepflanzt hat.
17 Dort nisten die Vögel und die Störche wohnen in den Wipfeln.
18 Die hohen Berge geben dem Steinbock Zuflucht und die Felsklüfte dem Klippdachs.
19 Du hast den Mond gemacht, das Jahr danach zu teilen, die Sonne weiß ihren Niedergang.
20 Du machst Finsternis, dass es Nacht wird, da regen sich alle Tiere des Waldes,
21 die jungen Löwen, die da brüllen nach Raub und ihre Speise fordern von Gott.
22 Wenn aber die Sonne aufgeht, heben sie sich davon und legen sich in ihre Höhlen.
23 Dann geht der Mensch hinaus an seine Arbeit und an sein Werk bis an den Abend.
24 HERR, wie sind deine Werke so groß und viel! Du hast sie alle weise geordnet, und die Erde ist voll deiner Güter.

- Liturgie
- Gebet

Frage: Ist heute gutes Wetter oder schlechtes Wetter?

Genießen wir die Sonne – oder leiden wir unter der Hitze?

Wir erleben **das helle Licht im Sommer** zur Zeit der Sommersonnenwende. (Das astronomische Datum dafür ist die Nacht vom 20. auf den 21. Juni. Kirchlich wird das Mittsommernachts-Fest am Johannistag, dem 24. Juni, begangen):

Wir erleben lange, helle Tage und kurze Nächte. Wir sind aufgekratzt durch das helle Licht. Wir können nachts nicht schlafen und sind dann den ganzen Tag über müde.

Wie schmeckt der Sommer? – Wie schwer ist das Leben?

Erlebnisphase

Erdbeeren: *Jeder Gast darf eine frische Erdbeere probieren.*

Pastorensekt: *Jeder Gast darf ein kleines Glas vom »Pastorensekt« probieren (ein Holunderblütenkaltauszug).*

Frisches Heu: *Jeder Gast darf schnuppern an einem Korb mit frischem Heu.*

So duftete es in der Jugend, als die Alten auf der Wiese Heu gemacht haben. Damit konnte man sich balgen. Im Heu konnte man sich auch mal zum Schlafen legen. Im Heu kamen sich die jungen Leute näher.

Sommer, das bedeutete auch schwere Arbeit:

*Eine **Sense** oder ein **Heurechen** wird gezeigt.*

Heu machen mit der Sense, mit dem Rechen, das bedeutete: Schwitzen und den alten Schweiß riechen. Wenn ein Gewitter drohte, musste im Akkord gearbeitet werden, um möglichst viel Heu trocken unter Dach und Fach zu bekommen. Und dann war es eine Freude zu erleben, dass man es geschafft hatte.

Dazu mussten im Sommer die Kühe auf der Weide gemolken werden und die Milchkannen mit dem Fahrrad nach Hause gebracht werden.

Torf musste gestochen werden. Dabei musste man sich von den Mücken zerstechen lassen.

Man musste mit der Hacke auf den Kartoffelacker: Der Rücken schmerzte und die Reihe wollte kein Ende nehmen. **Zwölf Stunden schwere Arbeit am Tag**, das war normal im Sommer.

Ist der Sommer also nun schön oder schwer? Die Antwort muss lauten: beides zugleich.

Wir dürfen Danke sagen und den Augenblick genießen. Wir wissen, dass wir durchhalten müssen. **Wir dürfen aber auch Gott um Kraft dazu bitten.** Wir dürfen uns von oben helfen lassen.

Wir machen dabei die gute Erfahrung: Die Kraft wird uns gegeben, wenn wir sie brauchen; so wie die Sonne, die uns bescheint, auch ganz umsonst ist, ohne dass wir etwas dafür tun müssten.

Gott ist für uns wie die Sonne. Die Sonne scheint. Wir dürfen sie genießen als ein Geschenk Gottes.

Gott liebt uns, weil er uns lieben will.

Wir dürfen uns ruhig einfach mal hinsetzen und uns bescheinen lassen und sagen: Danke, Gott, dass du da bist!

- Schriftlesung: Johannes 8,12
  Da redete Jesus zu ihnen und sprach: Ich bin das Licht der Welt. Wer mir nachfolgt, der wird nicht wandeln in der Finsternis, sondern wird das Licht des Lebens haben.
- Lied: Gottes Liebe ist wie die Sonne (EG 611, 1–2)
- Gebet
- Vaterunser
- Segen
- Lied: Nun steht in Laub und Blüte (EG 641, 1–3)
- Musik

Hinweise

Dieser Gottesdienst gehört in die hellste Zeit des Jahres Ende Juni. Auch die Seniorinnen und Senioren erleben das viele Licht und die langen, hellen Tage. Aber es ist ihnen vielleicht nicht bewusst, dass Mittsommer ist. So kann der Gottesdienst auch dazu beitragen, diese besondere Zeit intensiver wahrzunehmen.

Schmecken und schnuppern ist für die meisten Senioren noch möglich und ein intensives Erlebnis. Dabei werden Erinnerungen wach an längst vergangene Zeiten.

Frische Erdbeeren sind leicht zu besorgen.

»Pastorensekt« ist ein traditionelles Rezept, an das sich einige noch erinnern werden. Man pflückt ca. 30 große Blütenstände vom Holunder, von einem Standort, an dem der Holunder möglichst ohne Verschmutzung wachsen kann. Mit zwei Litern kaltem Wasser aufgießen, ohne die Blüten vorher zu waschen (!), 24 Stunden bei Zimmertemperatur stehen lassen, danach die Blüten abfiltrieren, mit frischem Zitronensaft und ein wenig Zucker abschmecken (wegen der Diabetiker darf das Getränk nicht zu süß sein, evtl. Süßstoff benutzen), kühl servieren. Im Pastorensekt ist ein wunderbares Aroma enthalten, in dem der Duft des ganzen Sommers versammelt ist.

Eine kleine Menge Heu kann man leicht selbst schneiden und an der Luft in der Sonne trocknen.

Eine Sense oder einen alten, hölzernen Heurechen kann man sich irgendwo ausleihen, möglicherweise im Heimatmuseum.

Dieser Gottesdienst wird natürlich besonders gut von Heimbewohnern aufgenommen, die selbst früher in der Landwirtschaft gearbeitet haben. In Zeiten des Reichsarbeitsdienstes mussten aber fast alle jungen Leute eine Zeit lang beim Bauern helfen. Wer diese Erfahrung nicht gemacht hat, wird dennoch den Sinn dieses Gottesdienstes verstehen.

14 »Ein Mann muss im Leben einen Baum pflanzen, ein Haus bauen und einen Sohn zeugen.«

Jahreszeit
Mai bis September

Material
Ein noch ganz junger Baumsämling, gepflanzt in einem Blumentopf oder in einer Plastiktüte

---

- Musik
- Lied: Wir pflügen und wir streuen (EG 508, 1 + 4)
- Psalm 1,1–3

  1 Wohl dem, der nicht wandelt im Rat der Gottlosen / noch tritt auf den Weg der Sünder noch sitzt, wo die Spötter sitzen, 2 sondern hat Lust am Gesetz des HERRN und sinnt über seinem Gesetz Tag und Nacht!
  3 Der ist wie ein Baum, gepflanzt an den Wasserbächen, / der seine Frucht bringt zu seiner Zeit, und seine Blätter verwelken nicht. Und was er macht, das gerät wohl.
- Liturgie
- Gebet

Der Großvater sagt zu seinem Enkel:
»Ein Mann muss im Leben einen Baum pflanzen, ein Haus bauen und einen Sohn zeugen.«

- Schriftlesung: 1. Mose 1,27 + 29 + 31

  27 Und Gott schuf den Menschen zu seinem Bilde, zum Bilde Gottes schuf er ihn; und schuf sie als Mann und Frau.
  29 Und Gott sprach: Sehet da, ich habe euch gegeben alle Pflanzen, die Samen bringen, auf der ganzen Erde, und alle Bäume mit Früchten, die Samen bringen, zu eurer Speise.
  31 Und Gott sah an alles, was er gemacht hatte, und siehe, es war sehr gut. Da ward aus Abend und Morgen der sechste Tag.
- Schriftlesung: 1. Mose 4,1 + 2

  Und Adam erkannte seine Frau Eva, und sie ward schwanger und gebar den Kain und sprach: Ich habe einen Mann gewonnen mithilfe des HERRN.

Zur Anschauung
Ein Baumsämling, gerade gekeimt aus einer Eichel (oder einem anderen Baumsamen), als Setzling in eine kleine durchsichtige Plastiktüte oder in einen Blumentopf gepflanzt. Er sollte bereits drei bis fünf frische, grüne Blätter haben: So ist er schon ein kleiner Baum. Man findet diese Sämlinge ab Mai oder Juni überall im Garten oder im Wald.

Für den aufmerksamen Gärtner sind die Baumsämlinge fast wie Unkraut. Er muss sie aus den Blumenbeeten und Hecken ausreißen. Auf dem Rasen werden sie einfach abgemäht.

Der junge Baum in der Tüte wird allen gezeigt und dann auf den Altar gestellt.

Noch einmal das Thema: **»Ein Mann muss im Leben einen Baum pflanzen, ein Haus bauen und einen Sohn zeugen.«**

Da stellt sich die Frage: **Wie ist das mit unseren großen Plänen? Kann man sie erfüllen?** Hat man es in der Hand? Kann man das Leben überhaupt so zielgerichtet gestalten? Und wie wird man damit fertig, wenn es nicht so wird, wie man es sich vorgestellt hat?

Herr B. erzählt seine sehr persönliche Geschichte:

Der Großvater hatte zwei Söhne. Davon ist einer im Krieg gefallen. Die Großeltern haben sehr um ihn getrauert. Der andere Sohn hat überlebt und wurde später Vater. Sein Sohn hat später auch einen Sohn bekommen und zwei Töchter. Die Töchter sind natürlich genau so wertvoll wie der Sohn. Ist damit also der Plan erfüllt?

Ob der Enkel auch einmal einen Sohn bekommen wird, der den gleichen Namen tragen wird, das weiß man nicht. Wir haben es nicht in der Hand.

Der Großvater hat kein Haus gebaut, dafür aber nach dem Krieg eine zerbombte Ruine gekauft und mit viel Mühe renovieren lassen. Sein Sohn hat ein kleines Haus gekauft und sein Leben lang darin gelebt. Dessen Sohn, also der Enkel, lebt aber zur Miete. Ob er im Leben noch einmal ein Haus bauen kann, das weiß man noch nicht. Vermutlich wird das zu teuer.

Und wie ist das mit den Bäumen? Der Großvater hat viele Bäume gepflanzt und ebenso viele andere Bäume gefällt. Die Enkel haben ihm gerne dabei geholfen. Der Vater hat – soweit man weiß – keinen einzigen Baum gepflanzt.

Der Enkel hat es immer wieder versucht, aber es ist bisher nicht viel daraus geworden. Hier einige Beispiele:

Der Großvater hatte in seinem Garten **einen Apfelbaum** von der sehr seltenen Sorte »Filippa«: sehr wohlschmeckend, aber leider kein Lagerapfel. Deshalb kann man diese Äpfel nirgends kaufen. Als das Haus des Großvaters verkauft wurde, wurden schnell noch Pfropfreiser geholt. Damit wurde ein junger Baum veredelt, um die seltene Sorte zu erhalten. Der junge Baum wurde im Schrebergarten gepflanzt. Aber der Garten musste später aufgegeben werden. Der Apfelbaum steht noch. Er hat aber heute einen Rindenschaden. Wahrscheinlich werden fremde Leute ihn bald fällen.

Die Jugendgruppe im Dorf hat einmal einen **Ahorn auf dem Friedhof** gepflanzt. Später hat der Kirchenvorstand ihn wieder fällen lassen. Es hieß, er sei angeblich zu groß geworden.

Bei einem Einschulungs-Gottesdienst hat der Pastor jedem der Schulanfänger einen **Baumsämling** geschenkt in einer Plastiktüte – so wie die kleine Eiche, die wir hier auf dem Altar haben. Die Kinder sollten diese kleinen Bäume mit nach Hause nehmen als ein Gleichnis für ihr Leben: Sie sind als Kinder noch klein wie die jungen Bäume. Sie müssen erst noch wachsen, müssen gefördert und gepflegt werden. Es gibt aber gute Chancen, dass aus ihnen etwas wird. Sie brauchen also keine Angst vor der Schule zu haben!

Die Kinder bekamen eine Aufgabe mit auf den Weg: Sie sollten für ihren Baum einen guten Platz finden im Garten oder im Wald – und öfter danach sehen. Sie sollten ihm regelmäßig Wasser geben und ihn von Unkraut befreien.

Was ist wohl aus all diesen vielen kleinen Bäumen geworden? Und was ist aus all diesen Kindern geworden?

Viele Fragen! Viele Zweifel!

Es gibt aber auch Hoffnung: In Müden an der Örtze steht eine **riesige Eiche**. Ihr Alter wird auf 800 Jahre geschätzt. In unmittelbarer Nähe stehen einige weitere Eichen, die dem alten Baum in ihrer Art sehr ähnlich sind. Sie sind »nur« etwa 200 Jahre alt. Es sind vermutlich die »Kinder« des uralten Mutterbaumes, die inzwischen auch schon wieder alt geworden sind.

Was erzählen uns all diese Geschichten?

Die Botschaft: **Wir haben das Gelingen unseres Lebens nicht in unserer Hand.** Es gibt keinen Rechtsanspruch auf Erfolg.

Wenn gelingt, was wir uns vorgenommen haben, dann dürfen wir uns darüber freuen. Wenn wir geschafft haben, was man von uns erwartet hat, dann können wir sogar ein bisschen stolz darauf sein.

Wir sollten aber vor allem Gott dafür dankbar sein.

- Lied: Nun danket alle Gott (EG 321, 1–3)

Wir müssen auch mit Misserfolgen fertig werden. **Trauer und Enttäuschungen gehören dazu.** Und wenn wir traurig sind über unsere Misserfolge, dann dürfen wir uns von Gott trösten lassen. Wenn es nötig ist, können wir ihn um Verzeihung bitten und er wird uns vergeben.

Wir dürfen das Leben aus Gottes Hand nehmen. Und wir dürfen auch ein gutes Stück der Verantwortung für unser Leben an ihn wieder zurückgeben.

- Gebet
- Vaterunser
- Segen
- Lied: Wer nur den lieben Gott lässt walten (EG 369, 1–3 + 7)
- Musik

Hinweise

Die Voraussetzung für diesen Gottesdienst ist, dass man irgendwo einen Baumsämling ausgraben kann. Das sollte aber in der richtigen Jahreszeit kein Problem sein, wenn man nur ein bisschen aufmerksam ist. Sonst kann man auch in einer Baumschule einen Setzling kaufen.

Die Geschichten, die ich hier darstelle, sind sehr persönlich. Ich habe sie selbst in der Familie so erlebt.

Damit Kollegen die Geschichten im Rahmen dieses Gottesdienstes leichter übernehmen können, habe ich sie hier »anonymisiert«.

Es spricht aber nichts dagegen, zu dem dargestellten Grundgedanken eine Sammlung von eigenen Geschichten zusammenzustellen. Das wäre sogar authentischer.

Die Regel des Großvaters ist natürlich ganz von den altmodischen Vorstellungen eines Mannes bestimmt.

Wenn eine Frau einen vergleichbaren Gottesdienst gestalten möchte, der in der Lebenswelt der Frauen angesiedelt ist, dann findet sie sicherlich auch dafür eine Fülle von Ideen.

Die Frage, die im Mittelpunkt steht, gilt ja für Männer wie für Frauen: Kann man das Leben überhaupt so zielgerichtet gestalten? Und wie geht man damit um, wenn es nicht so geworden ist, wie man es sich vorgestellt hat?

15 »Ein Mensch ist in seinem Leben wie Gras …« Psalm 103,15a

Jahreszeit
Von Mai bis Juli

Materialien
Blütenstände verschiedener Gräser vom Wegesrand

- Musik
- Lied: Ich singe Dir mit Herz und Mund (EG 324, 1–8)
- Psalm 103,1–2

  1 Lobe den HERRN, meine Seele, und was in mir ist, seinen heiligen Namen!
  2 Lobe den HERRN, meine Seele, und vergiss nicht, was er dir Gutes getan hat.
- Psalm 103,15a

  Ein Mensch ist in seinem Leben wie Gras, er blüht wie eine Blume auf dem Felde.
- Liturgie
- Gebet

Zur Anschauung
Grashalme mit Blütenständen von verschiedenen Gräsern werden betrachtet und ertastet, von einer Teilnehmerin zur nächsten weitergegeben und schließlich in einer Vase in der Mitte auf einem kleinen Tisch gesammelt.

Blühende Gräser sind dekorativ, aber auch als Symbol bedeutungsvoll.

- Schriftlesung: 1. Mose 1,11

  Gott sprach: Es lasse die Erde aufgehen Gras und Kraut, das Samen bringe, und fruchtbare Bäume, die ein jeder nach seiner Art Früchte tragen, in denen ihr Same ist, ein jeder nach seiner Art.

Das Gras ist vom Schöpfer geschaffen. Er ist ein Künstler. Was er erschaffen hat, ist schön und dazu auch noch zweckmäßig. Ein **Grashalm** ist sehr biegsam und stabil. Er biegt sich im Sturm und steht danach wieder auf. Kein menschlicher Ingenieur könnte einen derart stabilen und flexiblen Turm bauen.

So schön und so kunstvoll gestaltet ist auch der Mensch. Jeder einzelne Mensch ist verschieden und jede und jeder ist auf besondere Weise interessant.

Wir **Menschen** haben eine Hand mit einem Daumen, der den Fingern gegenübersteht. Damit können wir auch feine Dinge anfassen, zum Beispiel eine Nadel oder einen Schreibstift. Das ist die Voraussetzung dafür, dass der Mensch sich soweit entwickeln konnte, wie wir es heute erleben. Die Menschen haben einen klugen Kopf, um die Welt zu verstehen und um sich immer wieder neue Lebensmöglichkeiten auszudenken.

Das Gras und wir Menschen sind also beide großartige Kunstwerke Gottes. Darüber können wir uns freuen und dafür sollten wir Gott danken.

- Schriftlesung: Matthäus 6,28–30

  28 Und warum sorgt ihr euch um die Kleidung? Was werden wir anziehen? Schaut die Lilien auf dem Felde an, wie sie wachsen: Sie arbeiten nicht, auch spinnen sie nicht. 29 Ich sage euch, dass auch Salomo in all seiner Herrlichkeit nicht gekleidet gewesen ist wie eine von ihnen. 30 Wenn nun Gott das Gras auf dem Felde so kleidet, das doch heute steht und morgen in den Ofen geworfen wird: Sollte er das nicht vielmehr für euch tun, ihr Kleingläubigen?

König Salomo galt in seiner Zeit als der am besten gekleidete Mann der Welt. Er hatte die Macht, seine Handwerker für sich arbeiten zu lassen und für ihn die schönsten Kleider weben zu lassen, die man sich vorstellen konnte. Jesus vergleicht die Kleider des Königs mit den **Blumen** auf dem Felde und mit dem Gras. Die Blumen, die Gott geschaffen hat, sind immer noch schöner als die **Kleider Salomos**. Also macht euch keine Sorgen! Wenn Gott auf diese Weise für die Blumen und für das Gras sorgt, dann wird er sicherlich auch für euch sorgen.

- Schriftlesung: Psalm 103, 15–16

  15 Ein Mensch ist in seinem Leben wie Gras, er blüht wie eine Blume auf dem Felde; 16 wenn der

Wind darüber geht, so ist sie nimmer da und ihre Stätte kennet sie nicht mehr.

Gras ist wunderschön. Es ist aber auch verletzbar und vergänglich. Wenn wir es unvorsichtig in die Hand nehmen, knickt es leicht. Auf der Weide kommt schnell eine Kuh und frisst das Gras auf. Oder der Bauer kommt mit der Sense und mäht es ab, um daraus Heu zu machen.

Im Heiligen Land gibt es ein sehr schönes Frühjahr. Alles wächst und blüht. Aber die Zeit dafür ist kurz. Schon Ende Mai setzen die heißen Winde aus der Wüste im Süden ein. Dann verdorrt alles Grün in wenigen Tagen. Auch das Gras wird auf dem Halm zu Heu. Trocken kann es nur noch von den umherziehenden Schafherden gefressen werden.

So ist es auch mit uns Menschen: **Gras ist zerbrechlich und vergänglich – und wir sind es auch.** Alle Geschöpfe sind nur für eine kurze Zeit auf dieser Welt. Das ist leider eine der Rahmenbedingungen des Lebens. Wir müssen das so hinnehmen. Aber Psalm 103 hat dazu noch eine weitere Botschaft:

- Schriftlesung: Psalm 103,17

Die Gnade aber des HERRN währt von Ewigkeit zu Ewigkeit über denen, die ihn fürchten …

Gott ist der Schöpfer. Er selbst ist der Vergänglichkeit nicht unterworfen. Er war schon der HERR, bevor er die Welt geschaffen hatte und er wird es immer bleiben, wie es in der Liturgie des Gottesdienstes heißt: »Er lebt und regiert von Ewigkeit zu Ewigkeit«. Dabei ist er der **gnädige Gott**. Er sieht uns Menschen freundlich an. So wie er uns geschaffen hat und so wie er uns versorgt hat während unseres Lebens hier, so wird er auch für uns sorgen, wenn wir einmal gestorben sind. **Seine Gnade bleibt. Wir können uns ihm getrost anvertrauen.**

- Lied: Bewahre uns Gott (EG 171, 1–4)
- Gebet
- Vaterunser
- Segen
- Lied: Gott gab uns Atem (EG 432, 1–3)
- Musik

Hinweise

Man findet bei einem Spaziergang in der Zeit zwischen Mai und August mühelos mindestens fünf verschiedene Arten von blühenden Gräsern am Wegesrand oder auf Flächen, die nicht – oder noch nicht – gemäht worden sind. Man braucht sie im Einzelnen nicht mit Namen zu kennen. Es reicht aus, wenn wir sie pflücken und uns daran freuen.

Es ist am besten, die Gräser trocken in ein Glas oder eine Vase zu stellen. Ohne Wasser bleiben sie eine ganze Zeitlang schön. Ein bisschen Sand – zur Beschwerung nachträglich eingefüllt – verbessert die Standfestigkeit der Vase.

16 »Unser täglich Brot gib uns heute …«

Jahreszeit
Juli bis Oktober

Material
Ähren von verschiedenen Getreidesorten am Halm, sortenweise gebündelt mit einem bunten Band, Weizenkörner, Mehl, Brot zum Probieren

---

- Musik
- Lied: Ich singe Dir mit Herz und Mund (EG 324, 1–8)
- Psalm 104,27 + 28

  27 Es wartet alles auf dich, dass du ihnen Speise gebest zu seiner Zeit. 28 Wenn du ihnen gibst, so sammeln sie; wenn du deine Hand auftust, so werden sie mit Gutem gesättigt.
- Liturgie
- Gebet

Erzählung nach 2. Mose 16,13–16 + 19–20
Das Volk Israel auf seiner **Wanderung durch die Wüste** hatte Hunger. Gott gab ihnen zu essen. **Vom Himmel fiel Manna:** Die Leute fragten »Manhu?«, auf Deutsch »Was ist das denn?« Daher der Name für das Himmelsbrot: Manna.

Sie sollten aber nur so viel sammeln, wie sie an einem Tag aufessen konnten. Als sie mehr sammelten, wurden die vermeintlichen Vorräte schlecht. Sie sollten eben jeden Tag von Neuem darauf warten, dass Gott ihnen zu Essen geben würde.

Aktionen zum Thema Brot
*Nacheinander werden **verschiedene Getreidesorten** am ganzen Halm gezeigt und dann in einer Vase auf dem Altar gesammelt:*

Grashalme (Gras als Urform, aus der unsere modernen Getreide gezüchtet worden sind)/Roggenhalme mit vollen Ähren/Roggen von einem feuchten Standort mit Mutterkorn (einer Pilzkrankheit, die giftig ist)/Hafer am Halm/Gerste am Halm/Weizen am Halm/Weizenkörner im Glas/fein gemahlenes Mehl in einem Schälchen

*Ein **Laib Brot** wird aufgeschnitten. Jeder bekommt ein kleines Stück zum Probieren.*

Predigt
»Unser täglich Brot gib uns heute«, eine Bitte aus dem Vaterunser, nach Matthäus 6,11.

Brot ist nahrhaft, es erhält uns das Leben, hält uns warm, gibt uns **Kraft** zum Arbeiten, zum Spielen, zum Lernen und es schmeckt gut.

Die Menschen müssen hart arbeiten, um Brot zu haben. Damals war das schwere Feldarbeit in der Landwirtschaft. Heute kaufen die meisten Menschen ihr Brot beim Bäcker oder im Supermarkt.

Abb. 3: Gestaltung des Altars (Albrecht Benz, Foto: © Marina Müller-Michaelis, Tarmstedt)

Brot ist dennoch immer auch ein **Geschenk Gottes**: Erfolg für unsere Arbeit ist nie garantiert. Die Landwirtschaft ist abhängig vom Wetter. Auch wer nicht Landwirt ist, kann nur arbeiten, wenn er gesund ist und Kraft hat.

Die Älteren unter uns haben erlebt, dass Brot knapp war in der Zeit des Krieges oder in den schlechten Jahren danach. Wer Landwirtschaft hatte, konnte vielleicht genügend Brot und andere Lebensmittel für die Familie zurückbehalten. In der Stadt war das anders.

Eine alte Frau machte immer ein Kreuz-Zeichen, ehe sie ein Brot anschnitt.

Oma sagte immer: »**Brot wird nicht weggeschmissen.** Brot ist heilig.«

Als Schüler fand ich ein Brot auf dem Schulweg auf dem Boden liegen, eingepackt in Butterbrotpapier. Ich habe es mitgenommen und gegessen. Ich dachte: »Du bist verantwortlich. Du musst dafür sorgen, dass dies Brot nicht schlecht wird.« Es schmeckte mir aber nicht. Ich konnte es fast nicht aufessen, weil es von fremden Leuten geschmiert worden war. Ich hatte mich selbst mit meinem Verantwortungsgefühl überfordert. Das habe ich nie wieder gemacht.

Es heißt im Vaterunser: **»Unser täglich Brot gib uns heute«**.

Der Lehrer fragt in der Schule: »Warum heißt es denn: Unser *täglich* Brot?« Ein Schüler antwortet: »Jeden Tag neues frisches Brot schmeckt besser. Wenn man Brot nur einmal, für die ganze Woche im Voraus, bekommt, dann wird es trocken.«

Das hat Jesus sicherlich nicht gemeint, als er das Vaterunser formulierte. Sondern wir sollen uns beim Beten daran erinnern, dass Brot keine Selbstverständlichkeit ist. Wir sollen immer nur für einen Tag um Brot bitten, eben für heute. Gott möchte, dass wir ihn jeden Tag wieder von Neuem darum bitten. Er möchte, dass du dich jeden Tag daran erinnerst, dass das Brot ein Geschenk für dich ist, jeden Tag wieder, also »täglich«. **Und er möchte auch, dass wir ihm täglich dafür danken, wenn wir Brot bekommen haben.** Deshalb beten viele den Psalm 107,1 als Tischgebet zum Dank für das Essen, das wir jeden Tag genießen dürfen.

- Psalm 107,1:
  Danket dem HERRN; denn er ist freundlich, und seine Güte währet ewiglich.
- Lied: Wir pflügen und wir streuen (EG 508, 1–4)
- Vaterunser
- Lied: Kommt mit Gaben und Lobgesang (EG 229, 1–4)
- Musik

Hinweise

Dieser Gottesdienst sollte in der Zeit zwischen Juli und Oktober gefeiert werden. Dazu muss man rechtzeitig vor der Ernte von jeder Getreideart einige wenige Halme von den Feldern holen. Leider ist die vierte, klassische Getreideart, der Hafer, heute kaum noch zu finden.

In manchen Kirchengemeinden bewahrt der Küster Kornähren von Jahr zu Jahr auf für den jährlichen Schmuck des Erntedankaltars. Die kann man sich möglicherweise ausleihen.

Im Oktober gefeiert, kann dieser Gottesdienst über das »tägliche Brot« auch als Erntedankfest gelten.

Wenn man sich dafür entscheidet, allen Teilnehmerinnen und Teilnehmern ein Stück Brot zum Probieren zu geben, dann versteht es sich von selbst, dabei einen hohen Hygienestandard einzuhalten.

Ebenso sollte man die Rinde abschneiden, da manche Heimbewohner nicht mehr so gute Zähne haben.

Ganze Körner von Weizen oder Roggen bekommt man im Supermarkt, im Reformhaus oder im Bioladen.

Der Aspekt des Abendmahls, der in dem letzten Lied angedeutet ist, wird hier übergangen, um den Gottesdienst nicht inhaltlich zu überfrachten. Ebenfalls bleibt die Aufforderung, Lebensmittel zu teilen, nur angedeutet, indem das Lied gesungen wird.

17 »Bunt sind schon die Wälder« – Ist das eigentlich schlimm?

Jahreszeit

Von September bis November

Material

Herbstliche Zweige, Kastanien, Äpfel

- Musik
- Lied: Lobe den Herren (EG 316, 1–5)
- Psalm 91,1–2 + 4 + 15–16

**1 Wer unter dem Schirm des Höchsten sitzt und unter dem Schatten des Allmächtigen bleibt,
2 der spricht zu dem Herrn: / Meine Zuversicht und meine Burg, mein Gott, auf den ich hoffe.
4 Er wird dich mit seinen Fittichen decken, / und Zuflucht wirst du haben unter seinen Flügeln. Seine Wahrheit ist Schirm und Schild.
15 [Gott spricht zu dem Beter:] Er ruft mich an, darum will ich ihn erhören; / ich bin bei ihm in der Not, ich will ihn herausreißen und zu Ehren bringen.
16 Ich will ihn sättigen mit langem Leben und will ihm zeigen mein Heil.**

- Liturgie
- Gebet

Aktion

Wir füllen eine Blumenvase mit ***Zweigen mit buntem Herbstlaub****.* Je nach den gegebenen Möglichkeiten sind Ahorn, Birke, Buche und Eiche besonders schön. *Dazu ein Zweig, der seine Blätter schon verloren hat und ein immergrüner Zweig, z. B. von einer Fichte oder einem Ilex.*

Davor werden einige Früchte aus dem Wald gelegt, z. B. Kastanien, Eicheln und Nüsse, einige schöne Äpfel.

- Lied: Bunt sind schon die Wälder, 1–4

Predigt

Herbst ist Erntezeit. Die Menschen sammeln Vorräte für den Winter. Das ist anstrengend, aber auch schön. Wer vorgesorgt hat, kann mit größerer Ruhe in den Winter gehen. Dann haben die Menschen einen Grund zum Feiern.

Wir hatten einen **goldenen Oktober**: Einige sehr schöne, sonnige Tage, die man noch richtig genießen konnte.

Wir können **Wildgänse** beobachten, die sich für einige Wochen bei uns aufhalten. Majestätisch ziehen sie in strenger Formation im Keil über den grauen Himmel.

Die **Kraniche** sind auch zu Gast. Sie kommen aus Norwegen und wollen in die Winterquartiere nach Afrika. Zu Hunderten sitzen die großen Tiere tagsüber auf den abgeernteten Maisfeldern und fressen sich voll mit dem, was die Erntemaschinen übriggelassen haben. Sie müssen auftanken für die lange Reise in den Süden, die sie noch vor sich haben. Nachts schlafen sie im Moor. Bei Anbruch der Abenddämmerung drängen immer neue Schwärme von den großen Vögeln heran und kreisen wild über dem Moor, bis sie sich mit lautem Geschrei niederlassen. Man kann sie aus der Ferne beobachten und ihr Krächzen hören.

Aber das ist dann auf einmal vorbei: Die Gänse und Kraniche verlassen uns in wenigen Wochen. **Die Tage werden kürzer.** Es wird früher dunkel. Das Wetter ist nasskalt und unangenehm. Man traut sich kaum noch aus dem Haus. Vielleicht stellt sich schon die erste Erkältung des Winters ein.

Aus Erfahrung wissen wir zwar: Nach dem Herbst kommt der Winter und dann irgendwann nach langer Zeit wird es auch wieder wärmer. **Ein neues Frühjahr kommt bestimmt.** Aber bis dahin wird noch viel Zeit vergehen.

Im Frauenkreis in einem Dorf hat der Pastor die Damen einmal gefragt: »Was bedeutet der Herbst für Sie? Wie kommen Sie damit zurecht?«

Und eine Dame von 80 Jahren hat geantwortet: »Wir müssen damit zurechtkommen! Wir sind ja selbst im **Herbst des Lebens**.«

Das fand ich eine nachdenkliche Aussage. Das Leben geht wohl weiter mit unseren Familien. Der **Frühling der Menschen** – das sind die **Kinder**. Wie schön ist die Begegnung mit diesen kleinen, neuen Menschen! Wie schön ist es, wenn einmal Enkel oder Urenkel zu Besuch kommen. Die Kleinen haben ihr ganzes Leben noch vor sich.

Im Jahreslauf folgt auf den Winter ein neues Frühjahr. Im Leben des einzelnen Menschen ist das anders: **Auf den »Herbst des Lebens« folgt keine zweite Jugend mehr.**

Bei manchem alten Menschen bricht deshalb die bange Frage auf: Wird es für mich im kommenden Jahr noch einmal ein Frühjahr geben? Bin ich dann noch dabei? Schaffe ich es wohl noch einmal durch den Winter? Wir wissen es nicht.

Aber wir dürfen uns Gott anvertrauen.

Jesus ermutigt seine Jünger bei seinem letzten Abendmahl, obwohl er weiß, dass er Abschied nehmen muss.

- Schriftlesung: Johannes 14,27:
  Frieden lasse ich euch, meinen Frieden gebe ich euch. Nicht gebe ich euch, wie die Welt gibt. Euer Herz erschrecke nicht und fürchte sich nicht.

Wir dürfen uns bei ihm ankuscheln und ruhig auch mal ein bisschen länger schlafen.

- Schriftlesung: Psalm 91,4
  Er wird dich mit seinen Fittichen decken, / und Zuflucht wirst du haben unter seinen Flügeln.

Diesen Bibelvers kannte sicherlich Paul Gerhardt, als er sein bekanntes **Abendlied »Nun ruhen alle Wälder«** dichtete. Darin heißt es in Vers 8:

Breit aus die Flügel beide,
oh Jesu meine Freude
und nimm dein Küchlein ein:
Will Satan mich verschlingen,
so lass die Englein singen:
»Dies Kind soll unverletzet sein.«

- Lied: Nun ruhen alle Wälder (EG 477, 8)

Das altertümliche Wort »Küchlein« steht für das heutige Wort »Küken«. Wir dürfen uns bei Gott sicher fühlen wie die Küken bei ihrer Glucke. Die Mutter Henne passt auf und breitet ihre Flügel aus, damit die Kleinen darunter schlüpfen können, wenn der Habicht kommt.

- Gebet
- Vaterunser
- Segen
- Lied: So nimm denn meine Hände (EG 376, 1–3)
- Musik

Hinweise

Einige herbstliche Zweige findet man im eigenen Garten, in einem Park der Kirchengemeinde oder einfach am Wegesrand.

Das Lied »Bunt sind schon die Wälder« findet man in fast jeder Volksliedsammlung.

Jede Seelsorgerin und jeder Seelsorger mag selbst entscheiden, wie deutlich der Hinweis auf den möglicherweise nahen Tod ausgesprochen werden soll.

Es ist aber sicher, dass unsere Senioren wissen, dass sie alt sind. Ich habe viele Male erlebt, dass es gut ist, wenn man offen darüber spricht und das Tabu, das darüber liegt, mutig aufbricht. Das befreit und tröstet.

Die Möglichkeiten, im Herbst die Natur zu beobachten, sind natürlich regional sehr verschieden. Ich wohne in Norddeutschland in einem sehr naturbelassenen Gebiet, in dem wir den Vogelzug gut miterleben können. Dieses freie Naturerlebnis haben die meisten Bewohnerinnen von Altenheimen leider nicht mehr. Aber sie erinnern sich vielleicht daran und freuen sich, wenn man ihnen von aktuellen Beobachtungen berichtet. Jede Kollegin und jeder Kollege mag hier eigene Beobachtungen einbringen oder andere Beispiele wählen.

18 Wozu hat Gott den Winter gemacht?

Jahreszeit
Im Winter, nur bei Frost und Schnee

Material
Ein Glasschälchen voll Schnee zum Anfassen, Eis aus der Natur, eine Kühlkiste zum Transport

---

- Musik

Erlebnisphase
Gleich zu Beginn, da Eis und Schnee sonst zu früh schmelzen: ***Echter Schnee*** *wird im Glasschälchen herumgegeben; ebenso* ***Eis von einem zugefrorenen See*** *oder Teich aus der Natur. Alle dürfen die Proben von Eis und Schnee anfassen oder berühren. Dabei sollte man streng darauf achten, dass der Schnee sehr sauber ist, da manche Teilnehmerin spontan auf die Idee kommen könnte, eine Kostprobe in den Mund zu stecken. Die Reaktionen werden sehr unterschiedlich sein: Einige freuen sich an Schnee und Eis, andere erschrecken sich, weil sie nicht damit gerechnet haben, dass Eis sich so kalt anfühlt.*

- Lied: Großer Gott, wir loben dich (EG 331, 1–3)

Wozu hat Gott den Winter gemacht?

Schnee wird in der Bibel nur sehr selten erwähnt. Im Heiligen Land ist es dafür zu warm. Die Menschen der Bibel erlebten damals einen Kälteeinbruch nur einige wenige Male im Leben. Das war dann eine rätselhafte Katastrophe, auf die man nicht eingestellt war. Dabei brach die Frage auf: Wo kommt der Schnee her? Kommt dieses kalte Wetter eigentlich von Gott oder vom Bösen? Die Antwort auf die bedrängende Frage war dann aber doch immer wieder ein klares Bekenntnis: **Gott ist** der Herr der ganzen Schöpfung, also ist er **auch der Herr des Schnees**.

- Psalm 147,1 + 4–5 + 12 +16–18

1 Lobet den HERRN! / Denn unsern Gott loben, das ist ein köstlich Ding, ihn loben ist lieblich und schön.
4 Er zählt die Sterne und nennt sie alle mit Namen.
5 Unser HERR ist groß und von großer Kraft, und unermesslich ist seine Weisheit.
12 Preise, Jerusalem, den Herrn; lobe, Zion, deinen Gott!
16 Er gibt Schnee wie Wolle, er streut Reif wie Asche.
17 Er wirft seine Schloßen [Hagelkörner] herab wie Brocken; wer kann bleiben vor seinem Frost?
18 Er sendet sein Wort, da schmilzt der Schnee; er lässt seinen Wind wehen, da taut es.

- Liturgie
- Gebet

Unsere Frage: Erleben wir Schnee eigentlich als etwas Gutes oder als etwas Schlechtes?

Wir klagen ja gern: Schneewetter ist kalt, nass, die Straßen sind glatt, man muss Schnee räumen, am Auto die Scheiben sauberkratzen. Das kostet Zeit, man friert. Schneewetter ist unangenehm und sogar gefährlich.

Hiob hatte sich beklagt darüber, dass ihm ein großes Unglück passiert war. Gott fragt ihn daraufhin.

- Schriftlesung: Hiob 38,4 + 19 + 22

4 Wo warst du als ich die Erde gründete? Sag mir's, wenn du so klug bist!
19 Welches ist der Weg dahin, wo das Licht wohnt, und welches ist die Stätte der Finsternis […?]
22 Bist du gewesen, wo der Schnee herkommt, oder hast du gesehen, wo der Hagel herkommt,
23 die ich verwahrt habe für die Zeit der Trübsal und für den Tag des Streites und Krieges?

Schnee war den Menschen also unheimlich. Aber die Botschaft der Bibel bleibt klar: **Du, Hiob, bist nicht der Schöpfer!** Du hast kein Recht dich zu beklagen!

Wir sollten deshalb positiv denken und den Schnee genießen.

- Lied: Schneeflöckchen, Weißröckchen

Wir sagen auch: Schneewetter ist schön.
Klare Luft ist gut zum Atmen.
Eine trockene Kälte ist gesund.
Sonnenschein lässt den Schnee wunderbar glänzen.
Eisblumen an den Fenstern sind interessant und wunderschön. (Es gibt sie heute leider nur noch selten.)
Bei Schnee kann man rodeln oder Schlittschuhlaufen. Ich habe schon einmal den Konfirmandenunterricht ausfallen lassen, damit wir zusammen aufs Eis konnten.

Aber **Vorsicht**!

Gedichte

Vom Büblein auf dem Eis

Gefroren hat es heuer
noch gar kein festes Eis.
Das Büblein steht am Weiher
und spricht zu sich ganz leis:
Ich will es einmal wagen,
das Eis es muss doch tragen -
wer weiß?
Das Büblein stampft und hacket
mit seinem Stiefelein,
das Eis auf einmal knacket
und krach! Schon bricht's hinein.
Das Büblein platscht und krabbelt
als wie ein Krebs und zappelt -
mit Schrein.
O helft, ich muss versinken
in lauter Eis und Schnee!
O, helft, ich muss ertrinken
im tiefen, tiefen See!
Wär nicht ein Mann gekommen,
der sich ein Herz genommen -
o weh!
Der packt es bei dem Schopfe
und zieht es dann heraus,
vom Fuße bis zum Kopfe
wie eine Wassermaus.
Das Büblein hat getropfet,
der Vater hat's geklopfet -
zu Haus.

Friedrich Güll (1812–1879)

Der Winter ist ein rechter Mann,
kernfest und auf die Dauer;
sein Fleisch fühlt sich wie Eisen an,
und scheut nicht süß noch sauer.
War je ein Mann gesund, ist er's.
Er krankt und kränkelt nimmer,
weiß nichts von Nachtschweiß und Vapeurs
und schläft im kalten Zimmer.
Er zieht sein Hemd im Freien an
und lässt's vorher nicht wärmen;
und spottet über Fluss im Zahn
und Kolik in den Därmen.
Auf Blumen und auf Vogelsang
weiß er sich nichts zu machen,
hasst warmen Drang und warmen Klang
und alle warmen Sachen.
Doch wenn die Füchse bellen sehr,
wenn's Holz im Ofen knittert,
und um den Ofen Knecht und Herr
die Hände reibt und zittert;
wenn Stein und Bein vor Frost zerbricht,
und Teich und Seen krachen;
das klingt ihm gut, das hasst er nicht.
Dann will er tot sich lachen.
Sein Schloss von Eis liegt ganz hinaus
beim Nordpol an dem Strande,
doch hat er auch ein Sommerhaus
im lieben Schweizerlande.
Da ist er denn bald dort, bald hier,
gut Regiment zu führen.
Und wenn er durchzieht, stehen wir
und sehn ihn an und frieren.

Matthias Claudius (1740–1814)

Erzählung als Predigt

Ein Pastor hatte eine Begegnung in einem Café in der Sonne an einem kalten Tag. Ein Bekannter trank seinen Kaffee draußen im Freien an einem Tisch an der Straße. Er machte sich nichts aus der Kälte. Der Pastor erzählte davon, dass er einen Gottesdienst vorbereite zum Thema **»Wozu hat Gott den Winter gemacht?«** Der Bekannte antwortete nach einigem Überlegen: **»Der Winter ist eine Zeit zum Ausruhen.** Die Natur macht Pause, und wir sollten auch mal Pause machen.«

Das braucht Gott. Nur wenn wir innehalten, uns Zeit nehmen und uns öffnen für ihn, dann kann er zu uns sprechen.

Also sollten wir ein wenig still sein!

Kleine Pause

- Gebet
- Vaterunser
- Segen

- Lied: Es ist für uns eine Zeit angekommen

Es ist für uns eine Zeit angekommen,
sie bringt uns eine große Freud'.
Übers schneebeglänzte Feld
wandern wir, wandern wir
durch die weite, weiße Welt.
Es schlafen Bächlein und Seen unterm Eise,
es träumt der Wald einen tiefen Traum.
Durch den Schnee, der leise fällt,
wandern wir, wandern wir
durch die weite, weiße Welt.
Vom hohen Himmel ein leuchtendes Schweigen
erfüllt die Herzen mit Seligkeit.
Unterm sternbeglänzten Zelt
wandern wir, wandern wir
durch die weite, weiße Welt.

Text: Paul Hermann

- Musik

Hinweise

Natürlich kann man diese Andacht nur glaubwürdig durchführen, wenn draußen wirklich Winterwetter ist.

Man darf die kalten Anschauungsstücke erst kurz vor Beginn draußen in der Natur einsammeln und muss sie dann in einer Kühlkiste mit Kühl-Akkus direkt zum Gottesdienstraum bringen.

Diese Andacht mag für manche Kollegen inhaltlich etwas dünn erscheinen. Die Begegnung mit den kalten Elementen Schnee und Eis ist aber als ein besonderes Erlebnis an sich schon wertvoll.

Unsere Bewohnerinnen und Bewohner der Heime sind auf vielfache Weise von der Fülle des Lebens abgeschnitten. Sie sind oftmals auch nicht mehr so beweglich, dass sie im Winter ins Freie gehen könnten, um den Schnee und die Kälte wahrzunehmen. Da kann es eine Aufgabe der Seelsorge sein, dafür einen kleinen Ersatz zu schaffen.

Die Frage zu klären, ob für uns im Winter das positive oder das negative Erleben überwiegt, ist eine Herausforderung. Ein kleines Training zum positiven Denken ist dabei zu wenig.

Wir müssen anerkennen, dass wir die Natur so annehmen sollen, wie sie uns begegnet, weil Gott selbst sie so geschaffen hat. Dann können wir uns auch darüber freuen und Gott dafür danken.

Die Gedichte werden mancher Teilnehmerin noch aus ihrer Kindheit oder Schulzeit bekannt sein. Vielleicht haben sie sie damals sogar für den Deutschunterricht auswendig gelernt. Die Wiederbegegnung mit solchen »alten Bekannten« ist immer ein schönes Erlebnis.

So kann die Andacht auch eine fröhliche Erinnerung an gute Tage in der Kindheit bieten.

Der kleine Hinweis darauf, dass der Winter uns Gelegenheit zum Ausruhen, zur Stille und damit auch zu einer besonderen Begegnung mit Gott geben kann, ist also nur der Schlusspunkt der Andacht.

Das Lied »Schneeflöckchen, Weißröckchen« findet sich in vielen Sammlungen.

Das Lied »Es ist für uns eine Zeit angekommen« in der heute bekannten Textfassung von Paul Hermann (1904–1970) wurde 1939 als »weltliche« Umdichtung eines alten Schweizer Liedes geschrieben, das ursprünglich einen christlichen Inhalt hatte. Mit dem Schweizer Sterndreherlied aus dem 19. Jahrhundert baten arme Leute als Heilige Drei Könige verkleidet um Gaben.

Die gleiche Melodie mit einem neuen biblischen Text aus dem Jahre 1957 von Maria Wolters zur Geschichte von den Weisen aus dem Morgenland findet sich auch im EG Niedersachsen/Bremen, Nr. 543.

III: Zu verschiedenen Gelegenheiten

19 Nach schwerer Arbeit endlich Ruhe

Material

Werkzeuge der Frauen für die Hausarbeit aus der Zeit um ca. 1950: z. B. Beil, Zange zum Herausnehmen der heißen Wäsche aus dem Mauerkessel, Wäsche-Stampfer, Wäscheleine aus Sisal, Bürste, Kochtopf für den traditionellen Herd mit Holzfeuer, grober Leinenbeutel, Kaffeemühle zum Kurbeln mit der Hand, Sichel zum Schneiden von Kaninchenfutter, Hacke mit vier breiten Zinken zum Kartoffelernten, Stricknadeln, Gesangbuch

---

- Musik
- Lied: Lobe den Herren (EG 316, 1–3)
- Psalm 84,5–7 + 9 + 11

  5 Wohl denen, die in deinem Hause wohnen; die loben dich immerdar.
  6 Wohl den Menschen, die dich für ihre Stärke halten und von Herzen dir nachwandeln!
  7 Wenn sie durchs dürre Tal ziehen, / wird es ihnen zum Quellgrund, und Frühregen hüllt es in Segen.
  9 HERR, Gott Zebaoth, höre mein Gebet; vernimm es, Gott Jakobs!
  11 Denn ein Tag in deinen Vorhöfen ist besser als sonst tausend.
- Liturgie
- Gebet

Hinführung

Der Pastor besucht eine ältere Dame und fragt: »Wie geht's Ihnen?« Sie antwortet ein wenig traurig: »Nicht so gut. Mit mir ist nichts mehr los. **Ich bin ja nichts mehr wert.**« – Der Pastor fragt: »Wie kommen Sie denn da drauf?« – »Ja, sehen Sie mal meine Hände an. Ich kann gar nichts mehr tun.«

Was sagen wir dieser alten Hausfrau, die ihr Leben lang schwer gearbeitet hat und nun nicht mehr arbeiten kann?

1. Antwort

Die schwere Arbeit, die die Menschen in früheren Jahren geleistet haben, **war wertvoll**!

Alte Werkzeuge werden vorgestellt, die die Frauen bei uns ca. um 1950 für die Hausarbeit gebraucht haben:

Beil: Das sieht für heutige Augen gefährlich aus. Damals war es aber eine Selbstverständlichkeit, dass eine Hausfrau ein Handbeil benutzte, um zwischendurch Feuerholz für den Ofen oder für den Herd klein zu machen.

Wäsche-Zange: Zum Waschen von Kochwäsche musste man erst im Mauerkessel ein Holzfeuer machen, um Wasser zu erhitzen für die Seifenlauge. Dann musste die heiße Wäsche Stück für Stück wieder aus dem heißen Wasser gefischt werden. Dazu brauchte man die Zange aus Holz. Sie ist im Laufe der Zeit von der Lauge ganz weiß geworden.

Wäsche-Stampfer: Dann wurde heiße Lauge abgeschöpft und in eine Zinkwanne gegossen. Hier wurde die Wäsche mit dem Stampfer durchgearbeitet. Das war eine späte Erfindung, die die Arbeit bereits sehr erleichterte.

Waschbrett: Wie oft hat man sich im Seifenwasser auf dem Waschbrett die Finger wund gerubbelt.

Wäscheleine aus Sisal: Sie musste an jedem Waschtag von Neuem auf dem Wäscheplatz aufgespannt werden und abends wieder trocken hereingenommen werden, damit sie nicht dreckig wurde.

Bürste: Teppiche wurden erst geklopft und dann abgebürstet.

Kochtopf: Der alte Topf hat viele Male auf dem Herd über dem offenen Feuer gestanden. Dabei ist er schwarz geworden. Man musste ihn damals immer wieder mühsam schrubben.

Leinenbeutel: Den Beutel brauchte man bei vielen Gelegenheiten: zum Einkaufen, zum trockenen und sauberen Lagern von Lebensmitteln und als Ordnungseinheit im Schrank. Plastiktüten gab es noch nicht.

Kaffeemühle: Jedes Mal, wenn Kaffee gekocht werden sollte, musste erst die Portion, die man verbrauchen wollte, mit der kleinen Kaffeemühle mit der Kurbel frisch gemahlen werden. Das war mühsam; aber es schmeckte gut.

Sichel: Viele Hausfrauen hatten auch Tiere zu versorgen, die Gras fraßen, z. B. Kaninchen oder eine Ziege, die ein wenig Milch gab. So brauchten sie eine sehr scharfe Sichel, um täglich damit frisches Futter zu schneiden.

Hacke: Lange war es selbstverständlich, dass man für die Familie selbst Kartoffeln pflanzte, wenn man dazu die Gelegenheit hatte. Zur Kartoffelernte brauchte man eine Hacke mit breiten Zinken, um die Kartoffeln aus dem Boden zu kratzen.

Gesangbuch: Zur Konfirmation mit 14 Jahren bekamen die Jugendlichen ein eigenes, neues Gesangbuch. Die Konfirmation war ja gleichzeitig die Feier zur Schulentlassung. Die Jugendlichen mussten oftmals schon bald danach das Elternhaus verlassen. Die Jungen kamen in die Lehre und wohnten dann bei ihrem Meister. Die Mädchen gingen irgendwo zu einer anderen Familie »in Stellung«, um zu arbeiten und um dabei den Haushalt zu lernen. Das bedeutete, sie mussten schon früh selbstständig werden. Da war das Gesangbuch so etwas wie eine eiserne Reserve an Trostliedern und Gebeten, zu denen man sich flüchten konnte, wenn einem das Leben mal schwer wurde. Oder man sang mit anderen daraus auch mal ein Loblied.

Ein altes ***Kinderlied*** *wird gesungen, bei dem die schwere Arbeit beim Wäschewaschen in den einzelnen Arbeitsschritten beschrieben wird, die die Frauen leisten mussten, als es noch keine elektrische Waschmaschine gab.*

- Lied: Zeigt her eure Füße

Refrain:
Zeigt her eure Füße, zeigt her eure Schuh
und schauet den fleißigen Waschfrauen zu!
1) Sie waschen, sie waschen, sie waschen den ganzen Tag.
2) Sie spülen, sie spülen …
3) Sie wringen …
4) Sie hängen …
5) Sie bügeln …
6) Sie ruhen …
7) Sie tanzen …

Wer möchte, kann dazu auch passende Bewegungen machen.

Am Ende des Liedes ruhen die Frauen nach der getanen Arbeit aus, und nach Feierabend tanzen sie fröhlich. Das gehört dazu.

Was haben Sie unter schweren Bedingungen nicht schon alles geleistet! Da kann man mit Recht stolz drauf sein! Und man hat das Recht, ein bisschen zu feiern.

2. Antwort

- Schriftlesung: 1. Mose 3,17–19
  Als Gott Adam und Eva aus dem Paradies auswies, sprach er zum Mann:

17 … Weil du gehorcht hast der Stimme deiner Frau und gegessen von dem Baum, von dem ich dir gebot und sprach: Du sollst nicht davon essen –, verflucht sei der Acker um deinetwillen! Mit Mühsal sollst du dich von ihm nähren dein Leben lang.
18 Dornen und Disteln soll er dir tragen, und du sollst das Kraut auf dem Felde essen.
19 Im Schweiße deines Angesichts sollst du dein Brot essen, bis du wieder zu Erde wirst, davon du genommen bist. Denn Staub bist du und zum Staub kehrst du zurück.

Die ersten Menschen Adam und Eva sind »ungehorsam« gewesen. Sie wollten sein wie Gott. Da hat Gott sie aus dem Paradies ausgewiesen. Seitdem gehört schwere Arbeit zum Leben in dieser Welt dazu. Das müssen wir akzeptieren.

3. Antwort

- Schriftlesung: 2. Mose 20,8–11

8 Gedenke des Sabbattages, dass du ihn heiligst.
9 Sechs Tage sollst du arbeiten und alle deine Werke tun.
10 Aber am siebenten Tage ist der Sabbat des HERRN, deines Gottes. Da sollst du keine Arbeit tun, auch nicht dein Sohn, deine Tochter, dein Knecht, deine Magd, dein Vieh, auch nicht dein Fremdling, der in deiner Stadt lebt.

11 Denn in sechs Tagen hat der HERR Himmel und Erde gemacht und das Meer und alles, was darinnen ist, und ruhte am siebenten Tage. Darum segnete der HERR den Sabbattag und heiligte ihn.

Das ist das dritte Gebot (nach lutherischer Zählung), hier in der ursprünglichen Fassung, so wie es in der Bibel steht. Gott selber hat gewollt, dass wir Menschen nach der Arbeit eine **Pause** machen, um auszuruhen und um bei aller Anstrengung immer wieder zu Gott zurückzufinden. Für die jungen Leute gibt es in jeder Woche so einen Ruhetag, den **Sonntag**.

Für die alten Menschen darf gerne ihr ganzes weiteres Leben zu einem ausführlichen **»Ruhetag«** werden. **Das Alter ist also wie ein »Sabbath des Lebens«**.

4. Antwort

- Schriftlesung: Römer 3,28

  28 So halten wir nun dafür, dass der Mensch gerecht wird ohne des Gesetzes Werke, allein durch den Glauben.

Das ist ein Schlüssel-Vers für das Verständnis unseres Glaubens. Neu formuliert kann man diesen schwierigen Abschnitt so übertragen:

Der Wert eines Menschen wird nicht bestimmt durch seine Leistung. **Wertvoll ist ein Mensch, weil Gott ihn liebt.** Das kannst du ruhig glauben.

Ein alter Mensch, der nicht mehr arbeiten kann, ist also nicht weniger wert als ein junger Mensch, der noch die Kraft hat, um zu arbeiten. Ist das nicht ein Segen?

Du bist für Gott auch in deinem Alter ein unendlich wertvoller Mensch!

- Gebet
- Vaterunser
- Segen
- Lied: Nun freut euch lieben Christen g'mein (EG 341, 1, 3, 4, 7)
- Musik

Hinweise

Die Auswahl der Haushaltsgeräte ist natürlich austauschbar. Allerdings sollte ein Schwerpunkt dabei auf der Arbeit am Waschtag liegen, damit das schöne Bewegungslied »Zeigt her eure Füße« in den Ablauf hineinpasst. Es ist in vielen Sammlungen enthalten.

Wenn irgendwo in der Familie ein Haushalt aufgelöst wurde, habe ich mir im Laufe der Jahre immer die schönsten Stücke ausgesucht. So habe ich mir eine persönliche Sammlung an alten Arbeitsgeräten angelegt. Man kann sich natürlich auch Anschauungsmaterial in einem Heimatmuseum ausleihen.

Schön ist es, wenn die alten Damen selbst anfangen zu erzählen, wie sie mit den gezeigten Werkzeugen gearbeitet haben.

20 Wie viel wert ist ein Mensch?

Material
Sammlung von alten D-Mark-Münzen

- Musik
- Lied: Ach bleib mit deiner Gnade (EG 347, 1–6)
- Psalm 8,5
  Was ist der Mensch, dass du seiner gedenkst und des Menschen Kind, dass du dich seiner annimmst?
- Liturgie
- Gebet

Alte DM-Münzen *werden in einem Glas herumgegeben. Man kann sie noch einmal anfassen und sich dabei an die Zeit der DM erinnern.*

Wir haben hier eine Dose mit alten Münzen. Es sind noch DM. Damals, als der Euro eingeführt wurde, ist wohl nicht daran gedacht worden, sie rechtzeitig umzutauschen. Dann sind sie im Schrank vergessen worden.

Was sind die Münzen heute noch wert? Man kann sie zählen. Es sind genau 22 Deutsche Mark und 15 Pfennige. Davon konnten 1995 zwei Leute gut zu Mittag essen. Heute würde kein Restaurant das alte Geld mehr annehmen. In diesem Sinne sind die Münzen wertlos geworden. Aber die DM sind als **Erinnerungsstücke** trotzdem wertvoll. Das ist aber ein ideeller Wert, den man nicht in Euro festlegen kann.

Wir stellen heute die Frage: **Wie viel wert ist ein Mensch?** – Oder sollten wir besser fragen: **Wie wertvoll ist ein Mensch?**

Ein Kranz von kleinen Geschichten hilft vielleicht, eine Antwort zu finden:

Der Pastor stand **im Supermarkt** an der Kasse in der Schlange. Vor ihm stand ein Vater mit einem **Kind** von etwa drei Jahren. Er hatte es mitten zwischen die Lebensmittel in den Einkaufswagen gesetzt. Das gefiel dem Kind gut. Und da es nichts zu tun hatte, puhlte es das Preisschild von den Bananen ab und klebte es sich selbst an die Backe. Da sprach der Pastor den Vater schmunzelnd an: **»2,50 € für ein Kind. Das ist eigentlich ganz günstig. Kann ich das Kind kaufen?«** – Darauf wollte sich der Vater aber nicht einlassen!

Eine Mutter hatte ein kleines **Büchlein mit Gedichten**. Daraus las sie ihren Kindern manchmal vor:

Seht mir doch mein schönes Kind,
Mit den goldnen Zottellöckchen,
Blauen Augen, roten Bäckchen!
Leutchen, habt ihr auch so eins? –
Leutchen, nein, ihr habet keins!

Seht mir doch mein frommes Kind!
Keine bitterböse Sieben
Würd' ihr Mütterchen so lieben.
Leutchen, möchtet ihr so eins? –
O ihr kriegt gewiss nicht meins!

Komm' einmal ein Kaufmann her!
Hunderttausend blanke Thaler,
Alles Gold der Erde zahl' er!
O, er kriegt gewiss nicht meins!
Kauf' er sich woanders eins!

Gottfried August Bürger (1747–1794), Muttertändelei

Es ist doch sehr beruhigend, dass eine gute Mutter sich nicht vorstellen kann, ihr Kind zu verkaufen.

Ein Junge – etwa zehn Jahre alt – musste zum **Zahnarzt**. Es musste bei ihm zum ersten Mal gebohrt werden: Dann bekam er eine Plombe. Als er nach Hause kam, sollte er gleich den Mund aufmachen und den gefüllten Zahn zeigen: Der Vater meinte im Spaß: **»Das ist ja Silber! Dann bist du jetzt ja ganz wertvoll!** Da müssen wir in Zukunft auf dich aufpassen, damit du nicht geklaut wirst!«

Wie wertvoll ist ein Mensch? Der Vater des Jungen hat es einmal ausgerechnet: **Um ein Kind großzuzie-**

hen, braucht man viel Geld. Was braucht das Kind nicht alles, um groß zu werden und um in der Welt zurechtzukommen: genügend zu essen und zu trinken; immer neue Kleidung zum Anziehen; ein Zimmer im Haus, in dem das Kind schlafen kann; Spielsachen, Bücher zum Lernen, Geld für die Klassenfahrt und vieles andere mehr. 1975 schätzte man: Um in Deutschland ein Kind großzuziehen, braucht man 100.000 DM. Heute würde man mit **50.000,– €** wohl kaum auskommen.

Herr B. ist 93 Jahre alt geworden. Die letzten Jahre war er im Altenheim und saß in einem Rollstuhl. Er ist viel krank gewesen. Wenn man allein die **medizinischen Behandlungen**, Operationen und Krankenhausaufenthalte berechnen würde, die im Laufe seines Lebens nötig waren, dann würde man schnell auf Kosten kommen, die so hoch sind, dass man davon **ein kleines Einfamilienhaus** kaufen könnte. Das hat alles die Krankenkasse bezahlt.

Gibt es da eine Grenze nach oben? Kann eine medizinische Behandlung auch einmal zu teuer werden? Herr B. hatte mit 91 Jahren seine **Zahnprothese** verloren. Sie ist ihm wahrscheinlich in die Toilette gefallen. Die Altenpfleger im Heim fanden sie auf jeden Fall nicht wieder.

Der Zahnarzt war sich erst nicht sicher, ob er noch eine neue Prothese anfertigen lassen dürfte. Er hatte Zweifel daran, ob die Krankenkasse das bei einem so alten Menschen noch bezahlen würde. Die Kinder haben dann aber mit der Kasse direkt gesprochen. Die Kosten wurden schließlich doch erstattet.

Was kostet ein Platz im Altenheim?

Je nach Pflegebedarf muss man mit Kosten von 2.000,- bis 4.000,- € im Monat rechnen für das Zimmer, das Essen und die aufwendige Pflege. Wie wird das bezahlt?

Zuerst muss natürlich die **Rente** beim Heim eingezahlt werden. Dazu kommt der Beitrag, den die **Pflegeversicherung** dazu gibt. Wenn das nicht reicht, muss der Heimbewohner zuzahlen aus dem eigenen **ersparten Vermögen**. Wenn das verbraucht ist, dann kann es auch schon mal sein, dass Kinder für ihre alten Eltern etwas für den Heimplatz dazugeben müssen. Aber das ist meistens nicht sehr viel.

Wir brauchen uns keine Sorgen zu machen. Deutschland ist ein reiches Land. Bei uns wird kein alter Mensch vor die Tür gesetzt, wenn er auf Pflege angewiesen ist, aber seinen Heimplatz nicht mehr bezahlen kann. **Im Zweifel übernimmt der Staat die Kosten**, also die Solidargemeinschaft der Steuerzahler.

Es war einmal ein alter Mann, der in einem einsamen Hüttchen draußen außerhalb des Dorfes im Wald lebte. Er war sehr verwahrlost und hatte nur Lumpen am Leib. Man sah ihn manchmal mit dem Fahrrad über Land fahren. Dann hatte er meistens ein Stück Müll aufgesammelt, das er in seine Hütte brachte. Wovon er lebte, wusste niemand. Seinen Namen wussten die Leute auch nicht. Man nannte ihn nur: **der Mann im Wald**. Man konnte ihn nicht besuchen. Das war nicht möglich. Wenn er Leute aus dem Dorf sah, dann rannte er weg und versteckte sich.

Irgendwann sah man ihn nicht mehr. Der Pastor in der Kreisstadt erzählte aber: Eines Tages war der »Mann im Wald« gekommen und hatte sich in seinem Schlafsack beim Pfarrhaus in der Stadt vor die Haustür gelegt. Der Pastor konnte es mit einiger Mühe möglich machen, für ihn einen **Heimplatz** zu organisieren. Dort wurde er versorgt und hat noch einige Jahre im Heim gelebt. Die Kosten dafür zahlte das Sozialamt.

Im **Grundgesetz** der Bundesrepublik Deutschland heißt es in Art.1: **»Die Würde des Menschen ist unantastbar.«**

Das bedeutet: Die Frage »Wie viel wert ist der Mensch?« ist unzulässig.

Der Wert eines Menschen ist nicht mit Geld zu bemessen.

Erzählung nach Lukas 15

Besonders deutlich wird das in einer Geschichte, die Jesus selbst erzählt hat: Ein junger Mann sagte zu seinem Vater: »Ich will in die Welt hinaus. Gib mir mein Erbe.« Der Vater gab ihm schweren Herzens einen ganzen Sack voll Geld. Der Sohn zog ohne Bedenken in die weite Welt. Dort verlor er bald alle seine Reichtümer. Schließlich landete er als Knecht im Schweinestall, musste dreckige Arbeit leisten und bekam dafür kaum etwas zu essen. Da hat er sich auf den Weg gemacht und ist – zerlumpt wie er war – demütig zu seinem Vater zurückgekehrt. Der Vater hatte inzwischen jeden Tag auf ihn gewartet. Als der Sohn endlich kam, lief der Vater ihm entgegen und nahm ihn liebevoll in die Arme: **»Schön, dass du wieder da bist. Du bist doch mein liebes Kind!«**

Wie der Vater in der Geschichte den Sohn ansieht, so sieht Gott jeden Menschen an! Wir sind für ihn wie seine eigenen Kinder.

In den Augen Gottes ist jeder Mensch unendlich wertvoll!

- Lied: Gott gab uns Atem (EG 432, 1–3)
- Gebet
- Vaterunser
- Segen
- Lied: Nun danket alle Gott (EG 321, 1–3)
- Musik

Hinweise

Eine Sammlung von alten Münzen in DM ist nicht unbedingt notwendig. Es geht ja nur darum, an einem Beispiel deutlich zu machen, dass jede Wertbestimmung relativ ist: 22 DM war früher gutes Geld. Heute hat die DM ihren nominellen Wert verloren. Sie ist kein Zahlungsmittel mehr. Als Andenken an die Zeit von damals hat sie jetzt aber einen ideellen Wert, der mit Geld nicht zu beziffern ist.

Wer keine DM mehr zur Verfügung hat, kann auch alte Urlaubsmünzen nehmen oder das Beispiel einfach nur mit Worten darstellen. Der Kranz der unterhaltsamen Geschichten ist auch ohne Objekte und Aktionen einer »Erlebnisphase« »erlebnisreich« genug.

Das Gedicht von dem Kind, das nicht »feil« ist, das also nicht verkauft werden kann, kenne ich aus einer Loseblattsammlung meiner Mutter, die sie schon in ihrer eigenen Kindheit gehabt hat.

21 »Gott gab uns Atem, damit wir leben …«

Materialien

Die Luft zum Atmen

- Musik

Hinführung

Heute habe ich nichts mitgebracht. Das, worum es heute geht, ist schon da: die **Luft**. Sie ist überall vorhanden, also auch hier. Wir brauchen sie laufend: zum Atmen.

Wir machen zunächst eine kleine **Übung**: Wir sind einen Moment still und tun nichts, als ganz bewusst ruhig und langsam zu atmen.

Ich sage nicht: »Hol mal Luft!« Das wäre nicht hilfreich. **Das Geheimnis für eine tiefe Atmung ist das Ausatmen.** Wir beginnen mit dem Ausatmen.

Wir müssen zuerst leer werden und die alte, verbrauchte Luft aus der Lunge herauspusten. Dann strömt neue Luft wie von selbst in uns hinein.

Eine halbe Minute lang Stille als Übung zum ruhigen Atmen.

- Psalm 150,1–2 + 6

  1 Halleluja! Lobet Gott in seinem Heiligtum, lobet ihn in der Feste seiner Macht.
  2 Lobet ihn für seine Taten, lobet ihn in seiner großen Herrlichkeit.
  6 Alles, was Odem hat, lobe den HERRN! Halleluja
- Liturgie
- Gebet

Das Lied »Nun bitten wir den Heiligen Geist« ist sehr alt. Die erste Strophe des Liedes wurde schon im Mittelalter auf Deutsch gesungen. Unser Reformator Martin Luther hat dazu die Strophen 2–4 geschrieben.

Die Melodie stammt auch aus dem Mittelalter. Sie ist etwa 700 Jahre alt. Luther hat sie für den evangelischen Gottesdienst übernommen. Sie wurde in der Kirche oder bei einer Prozession beim langsamem Gehen auch im Freien unbegleitet gesungen. Weil man **viel Luft** braucht für die langen Bögen, hält man **nach jeder Zeile eine Pause** ein. Das ist die Zeit, die man braucht, um wieder neue Luft in die Lungen hereinströmen zu lassen:

Nun bitten wir den Heiligen Geist – Pause – um den rechten Glauben allermeist – Pause.

- Lied: Nun bitten wir den Heiligen Geist (EG 124, 1–4)

Das Lied wird gesungen – eher langsam als schnell – und mit der beschriebenen Atempause.

- Schriftlesung: 1. Mose 2,7

  Da machte Gott der HERR den Menschen aus Staub von der Erde und blies ihm den Odem des Lebens in seine Nase. Und so ward der Mensch ein lebendiges Wesen.

Der Text wird noch einmal dramatisch nacherzählt, unterstützt durch Bewegungen: Gott nimmt einen **Klumpen Lehm**, ein Stück von Mutter Erde, und formt daraus eine Figur. Als der Schöpfer mit seinem **göttlichen Atem** in die Figur hineinbläst, wird es ein lebendiger Mensch. Das Atmen macht ihn lebendig.

Die gleiche Geschichte auf Plattdeutsch: »God nehm een Klüten, pust rin und bumms, löpt dat As weg.«

Wenn **ein Kind geboren** wurde, fasste die Hebamme früher das Neugeborene an den Füßen, ließ es kopfunter hängen und gab ihm einen Klaps auf den Po. Dann schrie das Kind und fing damit an zu atmen. Da wusste die Mutter: **Mein Kind lebt!**

Das ist die schönste »Musik« der Welt.

Und am Ende des Lebens hört der Mensch auf zu atmen. Dann müssen wir den leblosen Leib bestatten: In Erinnerung an die Schöpfungsgeschichte werfen wir Erde ins Grab mit den Worten: Erde zu Erde, Asche zu Asche, Staub zum Staube.

- Lied: Gott gab uns Atem, damit wir leben (EG 432, 1–3)

In den alten Sprachen Latein und Griechisch bedeutet das Wort für **»Wind« zugleich »Geist«** : Der Wind, der die Blätter der Bäume bewegt, und der Geist, der das menschliche Fühlen und Denken bewegt und das Leben ermöglicht, heißt auf Latein **spiritus** und auf Griechisch **pneuma**. Das bedeutet: Was wir über den Wind sagen können, das gilt – im Bild gesprochen – genauso auch für den Geist der Menschen.

Ebenso wird das gleiche Wort auch für den Geist Gottes, für den **Heiligen Geist** verwendet.

Das wusste man schon in der Zeit des Alten Testaments.

Erzählung nach 1. Könige 19,4–13

Der Prophet Elia ist erschöpft nach all den Kämpfen, die er bestehen musste. Er möchte sterben. Aber Gott gibt ihm zu essen. Dann wandert Elia mit neuer Kraft viele Tage durch die Wüste bis zum Berg Horeb. Dort kündigt Gott ihm an, dass **seine Herrlichkeit** vorübergehen wird: Elia erlebt einen großen Sturm, aber Gott ist nicht im Sturm, auch nicht im Erdbeben und nicht im Feuer. Aber als Elia ein stilles, **sanftes Sausen** wahrnimmt, da weiß er, dass nun Gott selbst da ist, und er kann seine Stimme hören.

Wir halten einen Moment Stille.

- Lied: Gott ist gegenwärtig (EG 165, 1, 2, 7)
- Gebet
- Vaterunser
- Segen
- Musik

Hinweise

Diese Andacht passt natürlich auch zu Pfingsten. Aber der Zusammenhang von »Atmung« und »Leben« ist ein so großes, eigenständiges Thema, dass es mir sinnvoll erscheint, es einmal gesondert zu entfalten.

Deswegen steht das Thema »Heiliger Geist« hier nicht im Mittelpunkt.

Leider ist bei den Senioren ein ausführliches Einüben eines korrekten und tiefen Atemrhythmus nicht mehr möglich. Bei der kleinen Atemübung am Anfang kann es sich also nur um eine sanfte Andeutung handeln.

Die humorvolle, plattdeutsche Kurzfassung der Schöpfungsgeschichte ist mündlich überliefert. Sie kann natürlich weggelassen werden, wo sie mundartlich nicht verstanden wird.

Wer mehr zum Thema Atmung erfahren möchte, sollte sich im Internet informieren, z. B. hier: https://www.cjd-schlaffhorst-andersen.de/ueber-uns/das-konzept-schlaffhorst-andersen/.

22 Das kann ich schon – das muss ich noch lernen

Material

Eine gebastelte »Maschine« aus Holz und einem Schnürsenkel, mit der ein Kind lernen kann, eine Schleife zu machen; Arbeitshandschuhe für Kinder; eine Blockflöte

---

- Musik
- Lied: Ach bleib mit deiner Gnade (EG 347, 1–6)
- Psalm 143,5–11

5 HERR, ich gedenke an die früheren Zeiten; / ich sinne nach über all deine Taten und spreche von den Werken deiner Hände.
6 Ich breite meine Hände aus zu dir, meine Seele dürstet nach dir wie ein dürres Land.
7 HERR, erhöre mich bald, mein Geist vergeht; verbirg dein Antlitz nicht vor mir, dass ich nicht gleich werde denen, die in die Grube fahren.
8 Lass mich am Morgen hören deine Gnade, denn ich hoffe auf dich. Tu mir kund den Weg, den ich gehen soll; denn mich verlangt nach dir.
9 Errette mich, HERR, von meinen Feinden, zu dir nehme ich meine Zuflucht.
10 Lehre mich tun nach deinem Wohlgefallen, / denn du bist mein Gott; dein guter Geist führe mich auf ebner Bahn.
11 HERR, erquicke mich um deines Namens willen; führe mich aus der Not um deiner Gerechtigkeit willen.

- Liturgie
- Gebet

»Das kann ich schon – das muss ich noch lernen.« **Wie lernen Kinder?** Wie haben wir gelernt, als wir noch Kinder waren?

Zur Anschauung

Eine »Maschine«, mit der man lernen kann, eine ***Schleife*** *zu binden, wird gezeigt und herumgegeben:*

Als die kleine Katharina in die Schule kommen sollte, konnte ihr großer Bruder schon seine Schuhe allein zubinden. Er war zwei Jahre älter. Sie musste damals erst noch lernen, eine Schleife zu machen. Das ist für ein Kind eine schwierige Fingerübung. Dazu hat der große Bruder ihr eine Maschine gebaut: Ein Schnürsenkel ist dabei so auf einem Stück Holz festgenagelt, dass die beiden Enden des Bandes einander gegenüber liegen, wie bei einem Schuh. So konnte das Kind das Stück Holz in die Hand nehmen und daran eine Schleife üben, bis sie es sicher konnte.

Der Vater arbeitete gern im Garten. Die Kinder wollten oftmals dabei sein. Sie erlebten dann, dass der Vater bei der Gartenarbeit entspannt war und Zeit hatte, ihnen auch mal etwas zu erklären oder zu zeigen. Auch hatte jedes Kind sein eigenes kleines Stück Land im Gemüsegarten, auf dem es selbst bestimmen konnte, was es darauf pflanzen wollte. Das war schön.

Kinder möchten meistens gern bald »groß« werden. **Sie möchten mitmachen bei dem, was die Erwachsenen tun.** Das ist noch keine Arbeit, sondern ein Spiel. Aber im Spielen lernt das Kind und übt sich ein in das, was es später einmal können muss.

Manchmal trug der Vater beim Arbeiten Arbeitshandschuhe, um seine Hände zu schützen. Das braucht ein Kind eigentlich noch nicht. Aber als der Vater im Baumarkt diese kleinen **Arbeitshandschuhe für Kinder** *(werden gezeigt)* fand, da musste er sie einfach kaufen. Als er sie dann der Tochter zu Weihnachten schenkte, da war sie mächtig stolz darauf!

Viele Kinder haben Flötenunterricht. **Blockflöte** *(wird gezeigt)* ist meistens das erste Musikinstrument, auf dem Kinder ab dem Schulalter lernen können, einfache Melodien nach Noten zu spielen. Das ist oftmals die Grundlage für allen weiteren Musikunterricht.

Es wird auf der Blockflöte das Lied »Alle meine Entchen« gespielt, wenn auch mit Fehlern. Ein Kinderlied wird gesungen:

Es tanzt ein Bi-Ba-Butzemann
in unserm Haus herum, fidebum,
es tanzt ein Bi-Ba-Butzemann
in unserm Haus herum.

1) Er rüttelt sich und schüttelt sich
und wirft sein Säcklein hinter sich.
Es tanzt …
2) Er hat zwei rote Schühchen an
und zeigt uns, wie man tanzen kann.
Es tanzt …

Dieses Lied haben die meisten Leute als Kinder gelernt und können es auch noch im Alter mitsingen.

Müssen alte Menschen denn auch noch etwas lernen?

Ja, und die schwierigsten Lern-Aufgaben bleiben bis zuletzt:

Eine alte Dame lebte noch zu Hause und war viel allein. Sie war bereits mehrmals gestürzt und hatte sich dabei schon manchen Knochen gebrochen. Der Arzt und auch ihre Kinder ermahnten sie immer wieder, sich langsamer und vorsichtiger zu bewegen. Das fiel ihr schwer, weil sie immer noch so viele Ideen hatte, die sie unbedingt verwirklichen wollte. Da fiel ihr ein Merkvers ein, um eine neue, **langsamere** und vorsichtigere **Lebensgeschwindigkeit** zu lernen. Von da ab sang sie jedes Mal, wenn sie von Stuhl aufstehen wollte, einen Vers aus einem alten Lied, das sie von früher her kannte:

Immer langsam voran,
immer langsam voran,
dass der Krähwinkler Landsturm
nachkommen kann.
Hätt' der Feind unsere Stärke
schon früher erkannt,
wär er sicher schon früher
zum Teufel gerannt.
Immer langsam voran …

Das hat ihr geholfen. Die Dame ist seitdem nicht mehr gefallen!

- Schriftlesung: Römer 5,1–5

Da wir nun gerecht geworden sind durch den Glauben, haben wir Frieden mit Gott durch unsern Herrn Jesus Christus. 2 Durch ihn haben wir auch den Zugang im Glauben zu dieser Gnade, in der wir stehen, und rühmen uns der Hoffnung auf die Herrlichkeit, die Gott geben wird. 3 Nicht allein aber das, sondern wir rühmen uns auch der Bedrängnisse, weil wir wissen, dass Bedrängnis Geduld bringt, 4 Geduld aber Bewährung, Bewährung aber Hoffnung. 5 Hoffnung aber lässt nicht zuschanden werden; denn die Liebe Gottes ist ausgegossen in unsre Herzen durch den Heiligen Geist, der uns gegeben ist.

Kurzpredigt

Der Apostel Paulus berichtet uns voller **Freude**, dass Gott uns annimmt und uns akzeptiert, so wie wir sind, weil er uns liebt.

Im **Glauben** dürfen wir heute schon eine **Hoffnung** haben auf die zukünftige Welt, die Gott uns eines Tages schenken wird.

Aber so weit ist es noch nicht. Wir erleben hier in dieser Welt noch Lebensbedingungen, die wir manchmal nur schwer aushalten können. Das ist nicht leicht. Besonders im Alter erleben wir, dass wir nicht mehr so viel Kraft haben und nicht mehr so beweglich sind wie früher.

Aber **Gott liebt uns auch im Alter**. Vielleicht hilft es uns, ihm das zu glauben. Dann lernen wir vielleicht auch besser, mit uns selbst geduldig zu sein. Paulus ist zuversichtlich: In Bedrängnis lernt man **Geduld**. Wer Geduld gelernt hat, bewährt sich. Wer wieder neue, gute Erfahrungen mit sich gemacht hat, der bekommt neue Hoffnung.

So haben wir jeden Tag von Neuem die schwierige **Aufgabe, zu lernen, mit den Begrenzungen des Alters fertig zu werden**.

- Schriftlesung: Psalm 90,12

Lehre uns bedenken, dass wir sterben müssen, auf dass wir klug werden.

Das ist ein ernstes Thema: **Sterben kann man nicht üben.** Jeder Mensch stirbt nur einmal. Er wurde ja auch nur einmal geboren. Wir mussten es nicht lernen, geboren zu werden. So können wir auch das Sterben nicht üben.

Wir können aber lernen, uns im Leben und im Sterben Gott anzuvertrauen.

Er wird da sein und wird uns dabei helfen, damit passieren kann, was passieren muss.

Und vielleicht sind dann auch noch liebe Menschen da, die an unserer Seite bleiben.

- Lied: So nimm denn meine Hände (EG 376, 1–3)
- Gebet
- Vaterunser
- Segen

- Lied: Jesu, geh voran (EG 391, 1–4)
- Musik

Hinweise

Die hier genannten Beispiele sind alle in der Familie selbst erlebt und von mir authentisch beschrieben.

Die Objekte und Beispiele sind aber austauschbar. Jeder Seelsorger und jede Seelsorgerin mag nach der eigenen Erfahrung und den eigenen Möglichkeiten eigene Beispiele bringen, an denen man auf humorvolle Weise erkennen kann, wie Kinder und wie alte Menschen lernen.

Die »Maschine zum Schleife binden lernen« kann man mit ein wenig Fantasie leicht nachbauen.

Arbeitshandschuhe für Kinder sind allerdings auf dem Markt eine Seltenheit. Man kann die Geschichte auch einfach nur erzählen.

Das Lied vom Bi-Ba-Butzemann ist Allgemeingut und in vielen Sammlungen von Kinderliedern enthalten. Es ist natürlich auch austauschbar gegen ein anderes bekanntes Kinderlied.

Das Lied vom Krähwinkler Landsturm ist ein altes, echtes Soldatenlied. Die Soldaten der napoleonischen Kriege im 19. Jahrhundert versuchten damit, ihren Frust, ihren Trotz und ihre Angst abzubauen, indem sie Spottverse dichteten über die Offiziere und über die ganze Situation des Krieges.

Für diesen Gottesdienst kommt es natürlich nur auf den Refrain an mit der Zeile »Immer langsam voran«. Damit kann ein alter Mensch sich laufend selbst dazu anhalten, sich vorsichtig zu bewegen, um nicht zu stürzen: Das ist aber ein mühsamer Lernprozess.

Der Hinweis auf den Tod ist der Zielpunkt des Gottesdienstes. Er bleibt dennoch nur angedeutet. Wir müssen den alten Menschen nicht sagen, dass sie einmal sterben werden – vielleicht schon in naher Zukunft. Das wissen sie auch ohne uns.

Es tut ihnen aber gut, wenn sie merken, dass sie mit dieser Frage nicht alleingelassen werden. Wenn in die ernste Auseinandersetzung ein wenig Humor und Lebensfreude mit eingemischt wird, dann ist es leichter, die Wirklichkeit zu akzeptieren.

Lied: Immer langsam voran (Text und Melodie: Verfasser unbekannt)

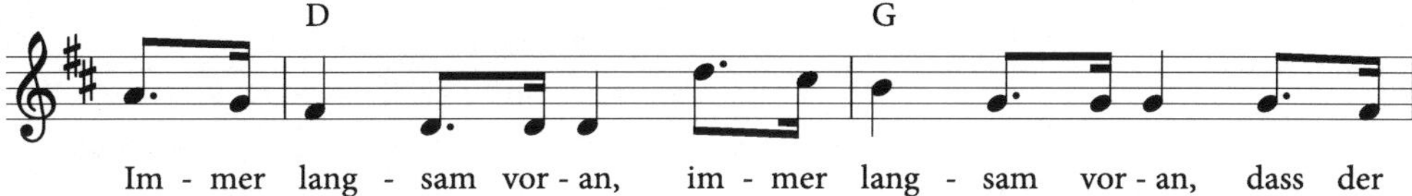

23 Hast du immer bekommen, was du dir gewünscht hast?

Material
Eine schlanke, noch nicht entzündete Kerze

- Musik
- Lied: Komm, Herr, segne uns (EG 170, 1–4)
- Psalm 66,1 + 20
  1 Jauchzet Gott, alle Lande! / Lobsinget zur Ehre seines Namens, rühmt ihn herrlich!
  20 Gelobt sei Gott, der mein Gebet nicht verwirft noch seine Güte von mir wendet.
- Liturgie
- Gebet

Hast du immer bekommen, was du dir gewünscht hast? Frage: **Was muss man denn tun, damit man bekommt, was man sich wünscht?**

Mögliche Antworten
Man kann einen **Wunschzettel** schreiben.

Dieses amüsante Lied wird als Solo gesungen oder vorgelesen.

1) Ich wünsche mir vom Weihnachtsmann
'nen kleinen Teddybär,
der mit den Augen zwinkern kann
und tanzen hin und her.
Ich wünsche mir vom Weihnachtsmann
'ne kleine, weiße Maus,
die ich spazieren führen kann
ringsum um unser Haus.
He, du Weihnachtsmann,
ich weiß, du kriegst das hin,
denn meine Wünsche sind so klein!
He, du Weihnachtsmann,
und ist die Maus nicht drin,
dann kann es bitte auch
ein kleines Hängebauch-,
ein kleines Hängebauch-Schwein sein.

2) Ich wünsche mir vom Weihnachtsmann
'nen echten Zirkusclown,
der tolle Faxen machen kann
und auf die Pauke hau'n.
Ich wünsche mir vom Weihnachtsmann
ein kleines Brüderlein,
weil man dem Storch nicht trauen kann.
Der soll ein Schwindler sein.
He, du Weihnachtsmann,
ich weiß du kriegst das hin,
denn meine Wünsche sind so klein!
He, du Weihnachtsmann, und ist kein Baby drin,
dann kann es bitte auch
ein kleines Hängebauch-,
ein kleines Hängebauch-Schwein sein.

Man kann auch eine **Kerze** anzünden. *Die Kerze auf dem Altar wird entzündet.*

Die Kerze allein tut's natürlich nicht. Sie betet nicht stellvertretend. Man muss seine Wünsche schon selbst aussprechen. Eine Kerze kann aber für unser Beten ein schönes Symbol der Konzentration sein.

Eine erfahrene ältere Dame, die schon viel erlebt hat, wurde gefragt, was man tun muss, damit man bekommt, was man sich wünscht. Sie antwortete spontan: **»Sich nicht zu viel wünschen!«**

Das ist eine kluge Lebensweisheit: Wenn man gar nicht erst große und **unerfüllbare Wünsche** kultiviert, dann wird man auch nicht »enttäuscht« sein, wenn ein Wunsch nicht in Erfüllung geht!

Bei einer »Enttäuschung« ist es ja so: Durch sie wird eine »Täuschung« aufgelöst. **»Enttäuschung« ist also das »Ende einer Täuschung«.** Dann wäre eine Enttäuschung sogar etwas Gutes. Aber sie ist trotzdem auch immer etwas Trauriges.

Da ist es vielleicht tatsächlich am besten, wenn man sich von vornherein vor falschen Vorstellungen und vor unrealistischen Erwartungen in Acht nimmt.

Also immer schön **bescheiden** sein! Ist das die Lösung? Wie bei dem Poesiealbumspruch:

Sei wie das Veilchen im Moose
bescheiden, sittsam und rein,
nicht wie die stolze Rose,
die immer bewundert will sein.

Einige von uns sind dazu erzogen worden, keine Ansprüche zu stellen: Das war früher **wichtig zum Überleben**, besonders in schlechten Zeiten. Die Älteren unter uns haben als Jugendliche oder Kinder den Krieg miterlebt. Wer damals gelernt hat, bescheiden zu sein, konnte sich viel leichter damit abfinden, wenn es einmal nichts gab. Man konnte mit größerer Geduld arm sein und unerfüllbare Wünsche beiseitestellen.

Ist es also eine falsche Vorstellung, wenn jemand glaubt, dass es sich trotzdem lohnt zu beten? **Soll man gar nicht erst damit beginnen, Gott um etwas zu bitten?**

Jesus sieht das anders. Er fordert uns geradezu auf, mit Entschiedenheit zu beten:

- Schriftlesung: Matthäus 7,7–11

7 Bittet, so wird euch gegeben; suchet, so werdet ihr finden; klopfet an, so wird euch aufgetan. 8 Denn wer da bittet, der empfängt; und wer da sucht, der findet; und wer da anklopft, dem wird aufgetan.
9 Oder ist ein Mensch unter euch, der seinem Sohn, wenn er ihn bittet um Brot, einen Stein biete?
10 Oder der ihm, wenn er ihn bittet um einen Fisch, eine Schlange biete?
11 Wenn nun ihr, die ihr doch böse seid, dennoch euren Kindern gute Gaben zu geben wisst, wie viel mehr wird euer Vater im Himmel Gutes geben denen, die ihn bitten!

Erfüllt Gott also doch unsere Wünsche, wenn wir ihn nur lange genug darum bitten? Ist es sinnvoll, so zu beten?

Oder kommt es vielleicht nur auf den richtigen Adressaten an: Den Weihnachtsmann zu bitten, ist sinnlos, den lieben Gott soll man aber bitten. Ist es so gemeint?

Vielleicht! **Beten** ist zumindest etwas Anderes als Wunschzettel schreiben.

- Schriftlesung: Matthäus 6,7 + 8

7 Und wenn ihr betet, sollt ihr nicht viel plappern wie die Heiden; denn sie meinen, sie werden erhört, wenn sie viele Worte machen. 8 Darum sollt ihr ihnen nicht gleichen. Denn euer Vater weiß, was ihr bedürft, bevor ihr ihn bittet

Erzählung

Ein Kind hatte sich lange einen **Hubschrauber** gewünscht. Dafür hat es gebetet. Er sollte einfach auf dem flachen Dach landen, damit der Junge einsteigen und damit wegfliegen könnte. Er hat den Hubschrauber aber nie bekommen. Da war er zunächst enttäuscht: »Gott macht einfach nicht, worum man ihn bittet!«, dachte er. Irgendwann hat er es sich aber anders zurechtgelegt: »Gott weiß genau, warum er mir keinen Hubschrauber gibt. Er weiß ja, dass ich einen Hubschrauber noch gar nicht fliegen kann. Da ist es besser, wenn er mir auch keinen gibt. Sonst passiert nur ein Unfall.«

Erst später hat er den Bibelvers kennengelernt: **Euer Vater weiß, was ihr bedürft, bevor ihr ihn bittet.**

Einen Hubschrauber konnte das Kind noch nicht gebrauchen, weil es damals noch zu klein dafür war. Und heute will er gar keinen Hubschrauber mehr, weil er ihm viel zu laut wäre.

Wir kennen alle das **Vaterunser**. Darin heißt es in der dritten Bitte: **Dein Wille geschehe!**

Das ist der Schlüssel: **Beten heißt, versuchen, zu erkennen, was Gott will.** Wir sagen ihm unsere Wünsche – und wir fragen dabei immer:

»Lieber Gott, willst du das auch? Wenn du es so willst wie ich, dann glaube ich dir, dass du es auch tun wirst.

Und wenn du es nicht tust, dann muss ich wohl noch weiter darüber nachdenken, was du eigentlich willst, also was du mit mir vorhast.

Vermutlich hast du ja etwas Großes mit uns vor. Sonst hättest du uns nicht gesagt: Bittet so wird euch gegeben; suchet so werdet ihr finden; klopfet an, so wird euch aufgetan.

Also, lieber Gott, verlass dich drauf: Ich bleib dran!«

- Lied: Vater unser, Vater im Himmel (EG 188)
- Gebet
- Vaterunser
- Segen
- Lied: Bewahre uns Gott (EG 171, 1–4)
- Musik

Hinweise

Frank Schöbel ist ein Sänger, der schon in der DDR sehr populär war. Bekannt wurde das Lied vom Hängebauchschwein 1985 durch eine Schallplatte mit dem Titel »Fröhliche Weihnachten in Familie«, auf der das Lied von den Kindern Odette und Dominique Lacasa gesungen wird.

Es macht allen großen Spaß, wenn jemand das Lied vorsingen kann. Der Text allein, gut gelesen, verfehlt aber auch nicht seine Wirkung.

Bei der brennenden Kerze kommen wir an unsere Grenzen, weil man in manchen Heimen große Angst hat vor einem Fehlalarm der Rauchmelder. Vielleicht lässt sich das aber mit der Heimleitung verhandeln.

24 »Sei wie das Veilchen im Moose bescheiden, sittsam und rein …«

Material
Verschiedene Poesiealbumsprüche, hier im Text vollständig abgedruckt

- Musik
- Lied: Ach bleib mit deiner Gnade (EG 347, 1–6)
- Psalm 1,1–3
  Wohl dem, der nicht wandelt im Rat der Gottlosen
- Liturgie
- Gebet

Eine **Poesiealbumseite** aus dem Jahre 1960: Ein Junge schrieb seiner Klassenkameradin in der dritten Klasse ins Buch:

»Lebe glücklich, lebe froh
wie der König Salomo.
Zur Erinnerung, Dein Klaus«

Der Spruch füllte nur die obere Hälfte der Seite. Darunter war eine große, freie Fläche gefüllt mit einem schnell hingemalten Baum und ein paar Blümchen.

Welche Geschichte mag wohl dahinterstecken? Der vollständige Spruch heißt ja in mündlicher Überlieferung:

»Lebe glücklich, lebe froh
wie der Mops im Paleteau,
der auf seinem Throne saß
und verrotte Äpfel fraß.«

Vermutlich ist die Mutter des Jungen gerade noch rechtzeitig dazugekommen und hat ihn gestoppt. Über den vollständigen Vers hätte das Mädchen sich sicherlich geärgert. So blieb es bei dem halben Spruch und einem knappen Gruß. Die halbleere Seite musste dann aus Verlegenheit mit dem großen Baum abgedeckt werden.

Andere Poesiealbumsprüche lauten etwa:

»Unsere Liebe, die soll brennen,
wie ein dickes Dreierlicht,
Freunde wollen wir uns nennen,
bis der Kater Junge kriegt.«

»Mal geht's runter, mal geht's rauf,
das ist so des Lebens Lauf.«

»Sei wie das Veilchen im Mose,
bescheiden, sittsam und rein,
nicht wie die stolze Rose,
die immer bewundert will sein.«

»Wenn du einst in spät'ren Tagen
dieses Büchlein nimmst zur Hand,
denke dran, wie froh wir waren
auf der kleinen Schülerbank.«

»Immer, wenn du glaubst, es geht nicht mehr,
kommt von irgendwo ein Lichtlein her,
dass du es noch einmal zwingst
und von Sonnenschein und Freude singst,
leichter trägst des Alltags Last
und wieder Kraft und Mut und Glauben hast.«

Ein **besonderes Poesiealbum**, das mir gezeigt wurde, umfasst die Jahre 1914 bis 1930. Auf der ersten Innenseite steht:

»Irmi G. … am 23. August 1914 gewidmet von deinem dich liebenden Vater
Mein liebes Kind! Heute, wo du fünf Wochen alt wirst, bin ich gezwungen, deine Mutter und dich zu verlassen. Die Pflicht fürs Vaterland ruft. Mit Gottes Hilfe werde ich hoffentlich zurückkehren. Sollte ich aber nicht zurückkehren, so sei dir dieses ein Andenken von deinem dich innigst liebenden Vater.«

Einen weiteren Eintrag vom Vater gibt es nicht. Dies Poesiealbum war vielleicht die einzige persönliche Erinnerung, die dem Kind von seinem Vater geblieben war. Als es gerade fünf Wochen alt war, musste der Vater zu Beginn des Ersten Weltkrieges **Soldat** werden. Vermutlich ist er nicht wiedergekommen. Sonst hätte er sicherlich einen weiteren Eintrag gemacht, um auch seine glückliche Rückkehr zu dokumentieren.

Das Mädchen hat das Buch vermutlich gehütet wie einen wertvollen Schatz. Später, als es 15 Jahre alt war und im Frühjahr 1930 aus der Schule entlassen wurde, hat es zum Abschied ihre Freundinnen hineinschreiben lassen. Die Sprüche sind sehr sorgfältig geschrieben, zum Teil noch in alter deutscher Schrift:

»Schick nicht ins Leben spähend Deine Blicke,
das Glück erwartend mit der Sehnsucht Pein,
bau Dir zum Glück mit eigner Hand die Brücke:
Beglücke Du, so wirst du glücklich sein.«

»Zum Glück empor mit klarem Blick,
ein Vorwärts stets, nie ein Zurück.
Ein frohes Hoffen, kühnes Streben
und schnelles Handeln auch daneben,
dann hat das Dasein Zweck und Ziel:
Wer Großes will, erreicht auch viel.«

»Wenn dich Menschen kränken
durch Verrat und Trug,
dann sollst du gedenken,
was Dein Herr ertrug.«
(Gemeint ist sicherlich Jesus, der am Kreuz
gelitten hat.)

»Unschuld wohnt in Deinem Herzen,
wache sorgsam über sie,
du darfst fröhlich sein und scherzen,
doch verscherz die Unschuld nie.
Unschuld ist die schönste Gabe,
die die Gottheit dir verlieh,
drum bewahre sie im Leben –
und verlier sie nie!«

»Wenn dich die Nebel des Trübsinns umgrauen,
erheb zu den Sternen den sinkenden Mut.
Hab nur ein frohes und festes Vertrauen.
Den Braven ergeht es am Ende doch gut.«

»O, nutz der Jugend schöne Stunden.
Sie wissen nicht von Wiederkehr,
einmal entschlüpft, einmal entschwunden,
zurück kehrt kehne Jugend mehr.«
(Man achte auf die regionale Einfärbung!)

»Der Rose süßer Duft genügt,
du brauchst sie nicht zu brechen.
Und wer sich mit dem Duft begnügt,
den wird ihr Dorn nicht stechen.«

»Nicht im Strudel verrauchender Lust
erwarte das Glück Dir zu finden!
Die Seligkeit wohnt in der eigenen Brust,
hier musst Du es ewig begründen!«

»Was verkürzt mir die Zeit? Tätigkeit!
Was macht sie unerträglich lang? Müßiggang!
Was bringt zu Schulden? Harren und Dulden!
Was macht gewinnen? Nicht lange besinnen!«

Dies ist nur eine Auswahl. Im Poesiealbum von Irmi G. gab es noch viele andere Sprüche. Sie entsprachen alle einer damals populären **Kultur der Ermunterung und moralischen Erziehung**. Die Mädchen dichteten diese Sprüche nicht selber, sondern sie konnten sich nach Vorbildern richten. Vielleicht hatten sie Gedichtbände zur Verfügung, um sich daraus einen Spruch auszusuchen. Oder sie konnten eine Tante fragen.

Wie hören wir die Poesiealbumsprüche heute? Sie enthalten alle einen **Appell**. Sie sind sozusagen mit dem erhobenen Zeigefinger gesprochen: **Lebensweisheit der Alten** soll den Jugendlichen Lebensmut und Orientierung geben, damit sie zurechtkommen und nach den Vorstellungen der Erwachsenen erfolgreich werden.

Man könnte die Quersumme ziehen: **Jeder ist seines Glückes Schmied.**

Das bedeutet dann aber auch umgekehrt: Wenn du nicht glücklich wirst, dann hast du etwas falsch gemacht und bist selber schuld daran. Damit enthalten die Sprüche auch eine Last, die sich den Mädchen auf die Seele legen kann.

Wir brauchen mehr als nur moralische Ermahnungen. Vielleicht hilft ein Bibelwort.

– Schriftlesung: Epheser 2,8–9
  8 Denn aus Gnade seid ihr gerettet durch Glauben, und das nicht aus euch: Gottes Gabe ist es,
  9 nicht aus Werken, damit sich nicht jemand rühme.

Kinder und junge Leute brauchen einen deutlichen Zuspruch: **Du bist in Ordnung, so wie du bist!** Du bist von Gott geliebt. Du darfst sicher glauben, dass du Gottes liebes Kind bist. **Die Liebe Gottes kann dir niemand nehmen.**

Diese Zuversicht muss dem Kind von den Eltern vermittelt werden, so als wollten sie sagen: Wir glauben sicher, dass du im Leben zurechtkommen wirst! Und wenn es einmal schwer wird, sollst du wissen, dass wir dich in jedem Fall immer lieben werden!

Dieser Tage fuhr ich morgens kurz vor 8 Uhr durch die Stadt. Es war Montag, der erste Schultag für die **Erstklässler**. Man sah die Mütter mit ihren kleinen Kindern aus den Häusern kommen. Die Kinder gingen mit riesigem Tornister, mit festem Schritt und ernstem Gesicht zum ersten Mal zur Schule. Da sah man, wie eine kleine Kinderhand sich ausstreckte zur Hand der Mutter: »**Bist du da? Gibst du mir Sicherheit?** Werde ich in der Schule wohl gut genug sein?« Dann ist es wichtig, dass die Mutter selbst glaubt, dass ihr Kind zurechtkommen wird, ihm vor dem Schultor zum Abschied übers Haar streicht und ihm sagt: **»Tschüss! Mach's gut! Du schaffst das!«**

- Lied: Nun freut euch, lieben Christen gmein (EG 341, 1, 3, 4, 7)
- Gebet
- Vaterunser
- Segen
- Lied: Jesu, mein Freude (EG 396, 1–3 + 6)
- Musik

Hinweise

Das Poesiealbum der Irmi G. ist mir vor Jahren bei einem Trauerbesuch von den Angehörigen gezeigt worden – als Anschauungsstück für die Lebenseinstellung der verstorbenen Mutter. Ich habe es mir damals ausgeliehen und fotokopiert.

Die in diesem Gottesdienst verwendeten Poesiealbumsprüche sind insgesamt Volksgut, für das keine Urheberrechte zu berücksichtigen sind.

Die Teilnehmerinnen werden durch die neue Begegnung mit diesen zum Teil bekannten Texten tief bewegt sein, vielleicht aber in der Rückschau auch amüsiert. Sie werden sich erinnern an das gesellschaftliche Klima, in dem sie erzogen worden sind – mit allen positiven Erlebnissen, aber auch mit schwierigen Erfahrungen von Überforderung.

Wenn die Gruppe klein und aktiv genug ist, kann man die Teilnehmerinnen auffordern, die Sprüche eigenständig zu kommentieren.

Es ist deshalb in diesem Entwurf darauf verzichtet worden, sie im Einzelnen zu interpretieren und auszulegen.

Es ist auch nicht die Absicht, die Teilnehmerinnen unserer Gottesdienste zu dem Moralismus zurückzuführen, den sie in ihrer Jugend möglicherweise erlebt haben. Deshalb wurde bewusst darauf verzichtet, diese Lebensweisheiten heute für eine bessere Bewältigung des Alters zu instrumentalisieren.

25 Das Leben ist ein Geschenk – und gar nicht selbstverständlich

Eine Andacht – nicht nur zum Geburtstag

Materialien

Strampelanzug für ein kleines Baby, abgetragener Hut eines alten Mannes, Zweig vom Ilex (Stechpalme) – vom jungen Baum geschnitten mit stacheligen Blättern –, Zweig vom Ilex – vom alten Baum geschnitten mit glatten Blättern –, altes Foto eines Kindes, aktuelles Foto der gleichen Person im hohen Alter

---

- Musik
- Lied: Großer Gott, wir loben dich (EG 331, 1–3 + 11)
- Psalm 103,1 + 2 + 8 + 13 + 22

1 Lobe den HERRN, meine Seele, und was in mir ist, seinen heiligen Namen! 2 Lobe den HERRN, meine Seele, und vergiss nicht, was er dir Gutes getan hat.
8 Barmherzig und gnädig ist der HERR, geduldig und von großer Güte.
13 Wie sich ein Vater über Kinder erbarmt, so erbarmt sich der HERR über die, die ihn fürchten.
22 Lobet den HERRN, alle seine Werke, / an allen Orten seiner Herrschaft! Lobe den HERRN, meine Seele!

Das Leben ist ein Geschenk, – und gar nicht selbstverständlich.

Wir gratulieren ganz herzlich zum **Geburtstag**!

Was singt man dazu in Deutschland? Wie ging noch mal das alte traditionelle Geburtstagslied?

»Viel Glück und viel Segen auf all deinen Wegen …«

Richtig! Und wie geht das weiter?

»Gesundheit und Frohsinn, sei auch mit dabei.«

So ist es bekannt. Ich weiß aber aus sicherer Quelle, dass dies nicht die ursprüngliche Fassung ist. Der Kanon ist erst in der Nazizeit geändert worden. Man wollte damals keinen Hinweis mehr darauf haben, dass das Leben ein Geschenk Gottes ist.

Ursprünglich hieß es:

»Viel Glück und viel Segen
auf all deinen Wegen,
Gesundheit und Freude,
das schenke dir Gott.«

Wir singen das ganze, große Geburtstagsständchen.

»Wir kommen all und gratulieren
zum Geburtstag unserer lieben Oma.«

»Viel Glück und viel Segen
auf all deinen Wegen,
Gesundheit und Freude,
das schenke dir Gott.«

»Hoch soll sie leben, hoch soll sie leben,
dreimal hoch,
Hoch soll sie leben, hoch soll sie leben,
dreimal hoch,
sie lebe, sie lebe, sie lebe dreimal hoch,
hoch, hoch,
sie lebe, sie lebe, sie lebe dreimal hoch.
Sie lebe dreimal hoch, hoch, hoch,
sie lebe dreimal hoch,
sie lebe, sie lebe, sie lebe dreimal hoch –
hoch, hoch!«

Herzlichen Glückwunsch!

Ich habe ein paar Dinge mitgebracht zur Anschauung, damit wir **das Leben besser verstehen:**

Erlebnisphase

Verschiedene Objekte gehen von Hand zu Hand. Jeder darf sie anfassen und anschauen.

Ein **Strampelanzug** erinnert vielleicht daran, wie schön es war, Mutter zu sein.

Der Strampelanzug erinnert uns aber auch daran, dass wir selbst einmal so klein waren, dass wir in einen Strampelanzug gepasst haben. Das gilt für jeden Menschen.

Der **Hut** eines alten Mannes, der schon etwas abgetragen ist. So ist das im Leben.

Ein Zweig von einem **jungen Ilex**: Die Blätter haben sehr spitze Stacheln, damit die Ziege sie nicht frisst.

Ein Zweig von einem großen, **alten Ilex** – etwas weiter oben abgeschnitten: Die Blätter haben hier keine Stacheln mehr. Die Pflanze weiß offensichtlich, dass die Ziege oben nicht mehr hinkommt. Die Tiere können ihr dort nicht mehr schaden. Also braucht die alte Pflanze sich auch nicht mehr so sehr anzustrengen, um sich zu verteidigen. Sie spart die Stacheln ein: Das ist **Klugheit des Alters**.

Ein **Foto von einem Kind**, etwa sechs Jahre alt, aufgenommen in Schwarz-Weiß, mit fröhlichem Lachen, einem Schulranzen und einem Esel als Spielzeug.

Ein **Foto von einem alten Menschen:** Es ist die gleiche Person, aufgenommen an ihrem 90. Geburtstag. Nun hat sie Falten, aber das Lachen ist noch immer das gleiche.

Noch einmal:

- Psalm 103,1 + 2 + 8 + 13 + 22

  1 Lobe den HERRN, meine Seele, und was in mir ist, seinen heiligen Namen! 2 Lobe den HERRN, meine Seele, und vergiss nicht, was er dir Gutes getan hat.
  8 barmherzig und gnädig ist der HERR, geduldig und von großer Güte.
  13 Wie sich ein Vater über Kinder erbarmt, so erbarmt sich der HERR über die, die ihn fürchten.
  22 Lobet den HERRN, alle seine Werke, / an allen Orten seiner Herrschaft! Lobe den HERRN, meine Seele!

Es ist gut und richtig, dass wir uns bei Gott dafür bedanken, dass wir leben.

- Dankgebet

Das Leben hat leider eine Grenze

- Schriftlesung: Psalm 90,10

  Unser Leben währet siebzig Jahre, und wenn's hoch kommt so sind's achtzig Jahre, und was daran köstlich scheint, ist doch nur vergebliche Mühe, denn es fähret schnell dahin, als flögen wir davon.

Der Psalm ist vor 3000 Jahren geschrieben worden. Was wir heute erleben, konnte man sich damals noch nicht vorstellen. Besonders in Deutschland werden heute viele Menschen älter. Oft sind es 85 oder 90 Jahre und mehr. Andere sterben aber auch bei uns schon in jungen Jahren. Wir wissen alle, dass das Leben ungleich verteilt ist.

Das Leben ist ein Geschenk. Aber wir haben keinen Anspruch darauf.

Wenn wir sagen, dass das Leben von Gott geschenkt wird, dann heißt es auch, dass wir dieses Geschenk nicht einfordern können. Gott schenkt Leben aus seinem freien, göttlichen Willen, weil er selbst es so möchte.

Jeder Tag, den wir auf dieser Welt sein können, ist also ein Geschenk Gottes, das wir gerne und dankbar annehmen dürfen. Wir sollen dabei aber demütig bleiben mit Ehrfurcht vor unserem Schöpfer.

Ich habe einen Mann vor Augen, der 93 Jahre alt geworden ist. Sein älterer Bruder ist mit 24 Jahren im Krieg gefallen.

Der alte Mann konnte zusammen mit seiner Frau das Fest der **Eisernen Hochzeit** feiern mit drei lebenden Kindern, sieben Enkeln und einem Urenkel. Die beiden waren 66 Jahre miteinander verheiratet.

Sie haben aber immer um ihren zweiten Sohn getrauert, der schon mit 33 Jahren tragisch ums Leben gekommen war.

- Schriftlesung: Jesaja 46,4

  Auch bis in euer Alter bin ich derselbe, und ich will euch tragen, bis ihr grau werdet. Ich habe es getan; ich will heben und tragen und erretten.
- Lied: Ja, ich will euch tragen (EG 380, 1–7)

Ich erzähle noch einige Beispiele für gelungenes Leben im Alter:

Die **älteste Person**, die ich erlebt habe, wurde **107 Jahre alt**. Ihr Mann war Gutsverwalter gewesen. Sie hatte schon in jungen Jahren gelernt, immer für andere zur Verfügung zu stehen und nicht viel für sich selbst zu verlangen. In den letzten Jahren war sie etwas schwerhörig geworden. Beim Besuch zum 106. Geburtstag sprach ich sie mit lauter Stimme an: »Ich gratuliere Ihnen zum Geburtstag.« Sie antwortete mir merkwürdigerweise: »Ich gratuliere Ihnen!« – Da habe ich den Glückwunsch schnell wieder zurückgegeben: »Ja, es ist auch ein Vorrecht, Sie an Ihrem 106. Geburtstag besuchen zu dürfen.«

Ich besuchte eine andere ältere Dame zum 90. Geburtstag zu Hause. Kurz vor meiner kleinen Ansprache an die Geburtstagsgesellschaft fragte ich sie: **»Wie waren die 90 Jahre?«** Sie antwortete ohne zu zögern mit einem einzigen Wort: **»Kurz!«**

Das kann einen doppelten Sinn haben: Schade, dass die 90 Jahre schon rum sind. Oder aber: Das Leben war nie langweilig!

Dann gab es noch diese ältere Frau: Wir hatten im Dorf noch keinen Besuchsdienst. Sie ging aber zu jedem hohen Geburtstag. Und sie besuchte auch die, zu denen sonst niemand ging. Lange Jahre hatte sie im Kirchenchor gesungen. Dann bekam sie mit 88 Jahren einen Schlaganfall. Sie konnte nicht mehr sprechen. Aber als wir ihr an ihrem eigenen Geburtstag etwas vorsingen wollten, konnte sie alles mitsingen, was sie früher einmal auswendig gelernt hatte.

- Dankgebet für die Jahre, die wir schon erlebt haben
- Lied: Bis hierher hat mich Gott gebracht (EG 329, 1–2)

Im hohen Alter wird das Leben nicht leichter. Wir sind also umso mehr auf Gottes Hilfe angewiesen.

- Gebet mit Blick nach vor
- Lied: Bis hierher hat mich Gott gebracht (EG 329, 3)
- Vaterunser
- Segen
- Musik

Hinweise

Der vorliegende Entwurf ist eine Sammlung. Sie kann je nach Gelegenheit gekürzt oder abgewandelt werden.

In manchen Heimen und Gemeinden wird einmal im Quartal eine zentrale Geburtstagsfeier veranstaltet. Zur festlichen und zugleich nachdenklichen Ausgestaltung eines solchen Festes eignet sich diese Andacht gut.

Sie kann aber auch bei jeder anderen Gelegenheit als Gottesdienst gefeiert werden. Natürlich kann man einzelne Elemente weglassen, wenn die Festgesellschaft nicht so lange Geduld hat.

Die Liturgie des Gottesdienstes ist hier bewusst weggelassen, weil bei einer Geburtstagsfeier zunächst ein Glückwunsch erwartet wird.

Auf das englische »Happy birthday to you« wurde hier bewusst verzichtet. Das Lied wurde ja erst ab ca.1960 in Deutschland Allgemeingut.

Die einheimische Pflanze Ilex (Stechpalme) findet man freilebend in unseren Wäldern und Mooren: Die junge Pflanze hat Stacheln, die ältere Pflanze der gleichen Art bildet an ihren höheren Zweigen keine Stacheln mehr aus. Das ist ein schönes Symbol für das Leben im Alter. Wenn dieses Symbol in beiden Formen zum Demonstrieren nicht zur Verfügung ist, reicht es, wenn man einfach von dem Phänomen erzählt.

Eine Alternative zu diesem Symbol könnte im Sommer ein ganz junger Baumsämling mit nur wenigen Blättern sein, den man gut gewässert in einem Blumentopf mitbringen kann. Dazu kann man von dem alten Mutterbaum in der Nähe ein Stück von einem Ast absägen, der noch grüne Blätter hat, aber an einer anderen Stelle bereits trocken wird.

Die beiden Fotos von der gleichen Person in der Kindheit und im hohen Alter habe ich in meiner privaten Sammlung im Familienarchiv. Die Voraussetzung dafür ist ein sehr altes Fotoalbum, in dem Fotos aus der Kindheit der betreffenden Person vorhanden sind. Dann braucht man nur ein aktuelles Foto des gleichen Menschen im Alter aufzunehmen und beides auszudrucken.

Die Melodien des großen Geburtstagsständchens sind allgemein bekannt.

26 »Führ' uns an der Hand …«

Material
Im Mittelpunkt stehen unsere menschlichen Hände; dazu ein Knüppel, ein Faustkeil aus der Steinzeit (falls vorhanden, ein handlicher Stein tut es auch), ein schwerer Hammer, ein feiner Schraubenzieher, eine alte Schreibfeder zum Eintauchen, Nähnadeln im Nadelkissen, ein Brett, eine Gitarre

---

- Musik
- Lied: Wir pflügen und wir streuen (EG 508, 1 + 2)
- Psalm 102,26
  Du hast vorzeiten die Erde gegründet, und die Himmel sind deiner Hände Werk.
- Liturgie
- Gebet
- Schriftlesung: 1. Mose 2,7
  Da machte Gott der HERR den Menschen aus Erde und blies ihm den Odem des Lebens in seine Nase. Und so ward der Mensch ein lebendiges Wesen.

Gott ist also ein Handwerker, wir sind seine Geschöpfe. Gott ist ein Künstler, wir sind seine Kunstwerke.

Wir schauen unseren Körper an: Wir haben Kopf, Bauch, Beine, Füße, Arme – und natürlich die Hände! Unsere Hände sind ein ganz besonderes Kunstwerk Gottes.

Wir probieren Fingerspiele, die Oma schon mit ihrem Enkelkind gespielt hat:

»Das ist der Daumen.
Der schüttelt die Pflaumen.
Der sammelt sie auf.
Der trägt sie nach Haus.
Und der Kleine, ganz alleine –
der isst sie alle, alle auf.«

Den Daumen zeigen, dann bei jedem Satz einen anderen Finger bis zum kleinen. Mit dem kleinen Finger zum Schluss wild wackeln.

»Da hast 'nen Taler,
geh zum Markt,
kauf dir 'ne Kuh,
'nen Kälbchen dazu.
Das Kälbchen hat ein Schwänzchen,
das macht didel, didel, dänzchen.«

Die »Taler« werden als Klaps in die flache Hand gezählt. Bei dem Wort Schwänzchen kitzelt man »das Kind« mit dem Finger in die flache Hand.

»Annele, Bannele ging'n in'n Laden,
wollt'n für'n Dreier Knackwurst haben.
»Für'n Dreier Knackwurst gibt es nicht!«
Annele, Bannele ärgern sich.«

Hände werden zu einem Dach gefaltet. Die zwei Zeigefinger werden davor verschränkt als Ladentisch. Die Daumen als Annele und Bannele klopfen an den Tisch durch wackelnde Bewegungen. Die Verkäuferin als kleiner Finger erscheint unter dem Dach: »Für 'n Dreier Knackwurst gibt es nicht.« Vor Ärger krabbeln die beiden Hände wild durcheinander.

Ein »Dreier« ist im Sprachgebrauch des 19. Jahrhunderts eine Münze von drei Pfennig, also von sehr geringem Wert.

Spiel zu zweit mit vier Händen.

Mit einem Freiwilligen vormachen: Eigene flache Hand mit der Innenseite auf den Tisch legen, fremde Hand auf die eigene Hand, zweite eigene Hand auf die fremde Hand, zweite fremde Hand auf die zweite eigene Hand. Dann von unten rausziehen und oben drauflegen – und so weiter im Wechsel – dabei langsam immer schneller und schneller werden. Wenn es nicht mehr schneller geht, bricht das Spiel ab. Alle lachen!

Wir schauen uns unsere **Hände** an. Jeder von uns hat für ihn typische Hände.

Was haben diese Hände alles schon gemacht?

Sie sind auch älter geworden. Manche haben kranke Hände aufgrund von Arthrose, Schlaganfall oder Lähmung. Das muss man leider aushalten als Gegebenheit des Alters. Übung hilft manchmal, damit die Hände wieder etwas beweglicher werden. Aber Besserung ist nicht garantiert.

Was kann man mit Händen alles machen?

Die menschliche Hand ist wie eine **Zange**. Sie kann zwischen Daumen und Zeigefinger schwere, aber auch ganz feine Dinge festhalten. Und wir können diese Bewegungen mit dem Kopf steuern.

Hände wie die Menschen haben unter den Tieren sonst **nur die Affen**. Wir Menschen haben Hände allerdings nur an den Armen. Unten an den Beinen haben wir Füße zum Laufen über weite Strecken.

Der Affe hat stattdessen vier Hände, zwei weitere Hände an den Beinen statt der Füße. Damit kann er auch unten zufassen und so besser auf Bäume klettern und sich von Ast zu Ast schwingen.

Anschauungsstücke werden gezeigt. Jeder nimmt die Werkzeuge in die Hand und probiert die Bewegungen damit noch einmal aus.

Ein Affe kann mit den Händen – wie wir Menschen – auch einen Knüppel schwingen. *Ein* **Stock** *wird gezeigt.*

Ein Affe kann sich aber keine Axt basteln. Das kann nur der Mensch. Ein behauener Stein von einer **Axt** aus der Steinzeit, *(Vermutlich ist nur in seltenen Fällen ein Originalfund aus der Steinzeit zur Verfügung. Dann kann man einen anderen passenden Stein zeigen und von den Werkzeugen der Steinzeit erzählen. Vielleicht kann man sogar eine improvisierte Nachbildung einer Steinzeitaxt vorbereiten.)*

Außerdem wird gezeigt: ein schwerer **Hammer**, ein **Schraubenzieher**, eine alte **Schreibfeder**, ein Nadelkissen mit feinen **Nähnadeln**, eine **Gitarre**.

Die Gitarre ist mit Bedacht so konstruiert, dass sie mit den Händen eines Menschen gut gespielt werden kann.

Wir können **mit den Händen Werkzeuge halten** für grobe und für ganz feine Arbeiten. Das sind notwendige Voraussetzungen für die Entwicklung von Handwerk, Kultur und Bildung. Ohne unsere Hände wären wir keine denkenden Menschen geworden.

Hände sind auch gut für die Begegnung von Menschen. Wir können **in die Hände klatschen** als Zeichen von Anerkennung, **streicheln** als Zeichen von Zuneigung, **eine Faust machen** und zuschlagen, **die Hand geben** zum Gruß. Ursprünglich bedeutete das: Ich komme als Freund. Ich habe keine Waffe in der Hand. Ein Kind gibt der Mutter die Hand, um Geborgenheit zu erleben und um sich sicher zu fühlen. Die Freundin fasst die Hand ihres Freundes und steckt beide Hände zusammen bei ihm in die Manteltasche.

- Lied: Jesu, geh voran (EG 391, 1–4)

Hände sind hilfreich zum **Beten**. Man kann dabei die Hände halten auf drei verschiedene Weisen: Man kann sie falten, zusammenlegen oder die rechte Hand zur Faust schließen, die linke Hand zum Schutz darumlegen.

Wir können die Hand aufheben als Symbol des Segens. Das bedeutet: Hier handelt Gott.

- Schriftlesung: Lukas 24,50 + 51

  50 Er [Jesus] führte sie aber hinaus bis nach Betanien und hob die Hände auf und segnete sie.
  51 Und es geschah, als er sie segnete, schied er von ihnen und fuhr auf gen Himmel.

Wir können **einem Menschen die Hand auflegen** und ihn so segnen. Das bedeutet: Hier handelt ein Mensch im Auftrag Gottes.

- Schriftlesung: Apostelgeschichte 9,17

  Und Hananias ging hin und kam in das Haus und legte die Hände auf ihn und sprach: Lieber Bruder Saul, der HERR hat mich gesandt, Jesus, der dir auf dem Wege hierher erschienen ist, dass du wieder sehend und mit dem Heiligen Geist erfüllt werdest.

Die gleiche Symbolhandlung verwendet die Kirche bei der Taufe, Konfirmation, Trauung, bei einem Gebet am Krankenbett. Die Hand ist ein Sinnbild dafür, wie wir uns Gott anvertrauen können.

Die Bibel kennt da eine reiche Bildsprache.

- Schriftlesung: Psalm 31,6 + 16

  6 In deine Hände befehle ich meinen Geist, du hast mich erlöst, HERR, du treuer Gott.
  16 Meine Zeit steht in deinen Händen. Errette mich von der Hand meiner Feinde und von denen, die mich verfolgen.

- Schriftlesung: Psalm 91,11

  Der HERR hat seinen Engeln befohlen, dass sie dich behüten auf allen deinen Wegen, dass sie dich auf den Händen tragen und du deinen Fuß nicht an einen Stein stoßest.
- Schriftlesung: Psalm 139,5–10

  5 Von allen Seiten umgibst du mich und hältst deine Hand über mir.
  6 Diese Erkenntnis ist mir zu wunderbar und zu hoch, ich kann sie nicht begreifen.
  7 Wohin soll ich gehen vor deinem Geist, und wohin soll ich fliehen vor deinem Angesicht.
  8 Führe ich gen Himmel, so bist du da; bettete ich mich bei den Toten, siehe, so bist du auch da.
  9 Nähme ich Flügel der Morgenröte und bliebe am äußersten Meer, 10 so würde auch dort deine Hand mich führen und deine Rechte mich halten.
- Gebet
- Vaterunser
- Segen
- Lied: So nimm denn meine Hände (EG 376, 1–3)
- Musik

Verabschiedung

Hände sind ein ganz besonderes Kunstwerk Gottes.

Der Seelsorger oder die Seelsorgerin gibt jedem die Hand – mit beiden Händen: »Schön, dass du da bist!«

Hinweise

Die Beschäftigung mit den Händen wird manchem alten Menschen schmerzlich bewusst machen, dass seine Hände unheilbar krank sind. Man sieht in einem Altenheim gelähmte, verkrüppelte und in sich verkrümmte Hände. Dadurch kann ein Mensch erheblich eingeschränkt sein in dem, was er noch aktiv tun kann. Wie wichtig für uns die Hände sind, merkt man vielleicht erst, wenn sie uns nicht mehr so gehorchen, wie wir es uns wünschen. Es kann deshalb passieren, dass jemand während dieses Gottesdienstes weinen muss vor lauter Trauer über seine eigenen kranken Hände. Es ist notwendig, dass wir an dieser Stelle aufmerksam sind und die Betroffenen seelsorgerlich auffangen.

Aber muss das ein Grund sein, diesen Gottesdienst nicht durchzuführen? Die Trauer über die kranken Hände wird ja nicht durch uns als Seelsorger ausgelöst. Sie ist bei den Betroffenen immer vorhanden, da die Menschen ihre Hände täglich vor Augen haben. Wir verzichten ja auch nicht auf Liedblätter und auf ein gemeinsames Singen, nur weil wir in der Runde einige blinde Teilnehmerinnen haben.

Die Fingerspiele sind sehr alt. Manche unserer alten Leute haben diese Spiele vielleicht schon gespielt, als sie selber noch Kinder waren und bei ihren Großmüttern auf dem Schoß gesessen haben. Ich kenne die hier beschriebenen Spiele in mündlicher Überlieferung innerhalb der Familie. Es ist für unsere alten Heimbewohnerinnen jedes Mal ein großer Spaß, mit diesen Spielen an die Kindheit oder an die Zeit mit den eigenen kleinen Kindern erinnert zu werden.

Die hier gezeigten Objekte und Werkzeuge sind austauschbar. Es muss nicht unbedingt ein echter Faustkeil aus der Steinzeit sein. Man kann auch andere Gegenstände verwenden, die man gerade zur Verfügung hat. Entscheidend ist es aber, Gelegenheit zu geben, die Werkzeuge so wie früher bei der Arbeit in der Hand zu halten und dabei alte vertraute Handbewegungen noch einmal zu probieren.

Der Titel dieses Gottesdienstes »Führ uns an der Hand …« stammt natürlich aus Vers 1 des Liedes »Jesu geh voran«, EG 391, wo es vollständig heißt: »… führ uns an der Hand bis ins Vaterland«. Der im Lied gemeinte Hinweis auf das himmlische Vaterland bleibt hier bewusst ein wenig versteckt, um den Bogen nicht zu weit zu spannen.

27 »Ich bin getauft auf deinen Namen ...« – Tauferinnerung

Materialien

Eine Taufschale (nach Möglichkeit eine Schale, der man ihre Bestimmung als Taufschale nicht auf den ersten Blick ansehen kann. Ich verwende eine private, historische Taufschale aus Familienbesitz), ein Taufkleid, ein Taufschein

---

- Musik
- Gruß

Hinführung

Wir sprechen heute über die **Taufe**.

Dabei ist mir bewusst, dass manche unter uns vielleicht nicht getauft sind. Ebenso kann es sein, dass manche ein anderes Taufverständnis haben, als ich es hier darstelle, z. B. die Baptisten, aber auch manche katholische Christen.

Dieser Gottesdienst folgt der **Tauftheologie der evangelisch-lutherischen Kirche**.

- Lied: Ins Wasser fällt ein Stein (EG 603, 1–3)
- Psalm 46,2 + 5 + 6

  2 Gott ist unsere Zuversicht und Stärke, eine Hilfe in den großen Nöten, die uns getroffen haben.
  5 Dennoch soll die Stadt Gottes fein lustig bleiben mit ihren Brünnlein, da die heiligen Wohnungen des Höchsten sind.
  6 Gott ist bei ihr drinnen, darum wird sie fest bleiben; Gott hilft ihr früh am Morgen.
- Liturgie
- Gebet

Im Alten Testament und heute noch bei den Juden gibt es ein rituelles Bad in »lebendigem« Wasser zur geistlichen **Reinigung**. Dafür hatten die jüdischen Gemeinden extra ein Badehaus, die **Mikwe**. Dabei ist es notwendig, dass man beim Baden mit dem ganzen Körper untertaucht. Das Wasser muss fließendes Wasser oder Quellwasser sein.

Auch die christliche Taufe ist immer wieder verstanden worden als ein Reinigungsbad: Der Christ wird in der Taufe reingewaschen von seinen Sünden.

Die Taufe ist der **Beginn eines Lebens als Christ**. Jesus spricht zu seinen Jüngern nach seiner Auferstehung zum Abschied, also unmittelbar vor seiner Himmelfahrt: Er erteilt den **Missionsbefehl** oder **Taufbefehl**.

- Schriftlesung: Matthäus 28,18–20

  18 Mir ist gegeben alle Gewalt im Himmel und auf Erden.
  19 Darum gehet hin und lehret alle Völker. Tauft sie auf den Namen des Vaters und des Sohnes und des Heiligen Geistes
  20 und lehret sie halten alles, was ich euch befohlen habe. Und siehe, ich bin bei euch alle Tage bis an der Welt Ende.

Durch die Taufe nimmt Jesus uns als **seine Schüler** an, die von ihm die neue Lebensart eines erlösten Menschen lernen können. Für unser Leben hier in dieser Welt bedeutet dies auch, dass wir durch die Taufe Mitglieder der christlichen Kirche werden.

*Ein **Taufkleid** wird gezeigt.* Es steht für die Taufe als Zeichen eines erneuerten Lebens.

Erzählung nach Lukas 15,11–32

Der verlorene Sohn bekommt vom Vater ein weißes Kleid geschenkt. In der Fremde war er wie tot. Durch seine Rückkehr nach Hause hat er auch wieder zurück ins Leben gefunden. Weil der Vater sich darüber freut, schenkt er dem Sohn ein neues Festtagskleid.

- Schriftlesung: Galater 3,26 + 27

  26 Denn ihr seid alle durch den Glauben Gottes Kinder in Christus Jesus. 27 Denn ihr alle, die ihr auf Christus getauft seid, habt Christus angezogen.

Erzählung nach 2. Mose 2,10

Der Pharao in Ägypten will alle neugeborenen Jungen der Israeliten töten. Um ihr Kind zu retten, versteckt eine israelische Frau ihren Jungen in einem Korb im Schilf am Nil. Dort wird es von der Tochter des Pharao gefunden. Sie nennt das fremde Kind **Mose** und sagt dazu als Begründung: »Ich habe ihn aus dem Wasser gezogen. Dies Kind soll leben!«

Diese Geschichte ist ein Vorbild für die christliche Taufe. Der Täufling wird durch die Taufe »aus dem Wasser gezogen« und damit vor dem Tod gerettet. Deswegen hat man früher die Täuflinge auch ganz im Wasser untergetaucht und sie dann nass wieder aus der Taufe herausgehoben.

- Schriftlesung: Kolosser 2,12

  12 Mit ihm [Jesus Christus] seid ihr begraben worden in der Taufe; mit ihm seid ihr auch auferweckt durch den Glauben aus der Kraft Gottes, der ihn auferweckt hat von den Toten.
- Schriftlesung: Jesaja 43,1

  1 Fürchte dich nicht, denn ich habe dich erlöst, ich habe dich bei deinem Namen gerufen, du bist mein!

Beide Schriftstellen sind beliebte Taufsprüche. Taufe ist das **Geschenk Gottes** an dich. Er sagt dir damit: Du bist mein liebes Kind.

Ein kleines Mädchen von drei Jahren wird gefragt: »Wo bist du denn geboren?« Sie antwortet keck: »In der Kirche.« Sie hat dabei natürlich Geburt und Taufe verwechselt. Aber so ganz dumm war die kindliche Antwort nicht, wenn man die Taufe im übertragenen Sinne versteht als **eine neue Geburt**.

Eine ***Taufschale*** *wird gezeigt, der man nicht auf den ersten Blick ansehen kann, dass es eine Taufschale ist.*

Bei dieser Schale kann nur ein Kenner erkennen, dass es eine Taufschale ist.

So kann man einem getauften Christen auch von außen nicht ansehen, dass er getauft ist. Deshalb muss die Taufe immer wieder neu in **Erinnerung** gebracht werden.

Zusätzliche Frage: Wozu hatten manche Familien früher eine private Taufschale?

Damals kam der Pastor zur Taufe ins Haus. Man taufte sehr bald nach der Geburt, und man wollte vermeiden, dass sich das neugeborene Kind bei der Fahrt zur Kirche erkältete.

Damit man ein Leben lang sicher weiß, dass man getauft worden ist, bekommt jeder Täufling zur Taufe einen **Taufschein**.

Dies wird auch in der Gemeinde im Kirchenbuch eingetragen. *Ein Taufschein wird gezeigt.*

Jemand erzählt, dass er leider keinen persönlichen Taufschein hat, sondern nur einen Konfirmationsschein. Bei der Tauffeier im Hause hat ihm sein Patenonkel ein Sparbuch und wohl auch den Taufschein in der Wiege unter die Windel geschoben. Da hat das Kind das Papier nass gemacht. So ist der Taufschein aufgeweicht. Deshalb ist er vermutlich nicht aufbewahrt worden. Aber da der gleiche Pastor, der das Kind getauft hatte, den Jungen später auch konfirmiert hat, kann er sicher sein, dass er auch getauft worden ist. Auf dem Konfirmationsschein ist sogar das Taufdatum verzeichnet.

Ein alter Pastor war sich allerdings selbst nicht sicher. Er hatte in seinem langen Dienst als Pastor viele Menschen getauft. Aber sein eigener Taufschein war in den Wirren des Krieges verloren gegangen. Er wusste natürlich, wo seine Eltern bei seiner Geburt gewohnt hatten. So schrieb er als alter Mann eines Tages an die dortige Kirchengemeinde einen Brief und bat darum, im **Taufbuch** nachzuschauen, um festzustellen, ob er dort eingetragen sei. Er bekam bald einen sehr freundlichen Brief von dem Ortspastor aus seiner Taufgemeinde. Man hat ihm einen neuen Taufschein ausgestellt als **Abschrift aus dem Kirchenbuch**. Das hat den alten Herrn sehr beruhigt. Und er sagte sich: »Nun kann ich in Frieden sterben.«

- Lied: Ich bin getauft auf deinen Namen (EG 200, 1–5)
- Gebet

Tauferinnerung

Symbolhandlung zur Tauferinnerung: Wasser wird in die Taufschale eingegossen. Nun kommt der Seelsorger herum und hält die Schale den Teilnehmern hin. Jede und jeder darf mit der Hand ins Taufwasser fassen und kann sich dabei erinnern: **Wie gut, dass ich getauft bin!**

- Vaterunser
- Segen
- Lied: Nun danket alle Gott (EG 321, 1–3)
- Musik

Hinweise

Ich verwende für diesen Tauferinnerungsgottesdienst eine Taufschale aus Porzellan: Ein wertvolles Erbstück aus Dänemark, seit ca. 1850 im Familienbesitz. Meine Mutter hat mir verlässlich berichtet, dass die Schale in der Familie immer mit großer Wertschätzung aufbewahrt worden ist, weil darin mein Großvater getauft worden sei, ebenso seine dänischen Vorfahren.

Man kann diesen Gottesdienst natürlich auch ohne eine solche historische Taufschale durchführen. Es ist aber vielleicht gar nicht so schwer, ein anderes, vergleichbares Stück zu finden:

Eine tragbare Taufschale hat zumindest fast jede Kirchengemeinde als Einsatz in ihrem Taufbecken oder Taufständer.

Ein weißes Taufkleid wird man sich ausleihen können bei einer Familie, die gerade ein Kind getauft hat. Es muss ja kein wertvolles, historisches Stück sein.

Einen eigenen Taufschein hat vermutlich fast jeder getaufte Christ.

Das hier dargebotene inhaltliche Material mag sehr umfangreich erscheinen. Manche Gruppe mit sehr alten Menschen und einem hohen Anteil an Demenzkranken wird von der Fülle der Gedanken überfordert sein. Die Gruppen in den Heimen, die sich zu einem Gottesdienst zusammenfinden, sind aber unterschiedlich. Für andere ist ein etwas höherer Anspruch gerade richtig. Ich habe mich deshalb in diesem Entwurf dafür entschieden, mehrere Aspekte des Themas zu bringen und es der jeweiligen Kollegin oder dem Kollegen zu überlassen, davon auszuwählen. Dabei würde ich die Beschäftigung mit den Anschauungsstücken und die Symbolhandlung an der Taufschale zur Tauferinnerung in den Mittelpunkt stellen.

Manche Kollegen bieten an, eine Tauferinnerung als Segenshandlung zu vollziehen, bei der ein Seelsorger dem Getauften mit dem Taufwasser ein Kreuz in die Hand oder auf die Stirn zeichnet.

Mir persönlich gefällt es besser, wenn der Getaufte selber aktiv zur Tauferinnerung ins Wasser greift und sich dabei die Taufe eigenständig neu bewusst macht. Auf diese Weise können wir auch sicher sein, dass wir eine Tauferinnerung nicht an einem ungetauften Menschen vollziehen.

IV: Gottesdienste mit persönlichen Anschauungsstücken

Für die Gottesdienstentwürfe 28–30 verwende ich Anschauungsstücke, die nur mir zur Verfügung stehen. Es wird den Kolleginnen und Kollegen deshalb an manchen Stellen schwerfallen, diese Vorlagen eins zu eins zu übernehmen.

Ich habe diese Gottesdienste in dieses Buch aufgenommen, weil sie Beispiele dafür sein können, wie man mit persönlichen Erinnerungsstücken und mit selbst erlebten Geschichten authentische Gottesdienste gestalten kann, die zu Herzen gehen.

Damit möchte ich die Kolleginnen und Kollegen dazu anregen, mutig selbst kreativ zu werden und eigenständig eigene »Erlebnisgottesdienste mit Senioren« zu entwerfen.

Damit man sich eine Vorstellung von meinen Entwürfen machen kann, sind Fotos von den verwendeten Anschauungsstücken beigefügt. Die Abbildungen können als Ersatz für die originalen Stücke dienen.

Wegen des sehr persönlichen Charakters verwende ich hier in der Darstellung eine Sprache in der »Ich-Form«.

28 Was kann der Baum uns erzählen? – Was erzählst du mir?

Materialien

Eine geschliffene und polierte Baumscheibe von einem Wachholder mit sehr feinen Jahresringen; eine polierte Baumscheibe von einer Kiefer mit einem eigentümlichen Maserungs-Bild, das auf eine denkwürdige Geschichte des Baumes schließen lässt (siehe Abb. 4)

- Musik
- Lied: Jesu geh voran (EG 391,1–4)
- Psalm 73,23–26 + 28

  23 Dennoch bleibe ich stets an dir; denn du hältst mich bei meiner rechten Hand,
  24 du leitest mich nach deinem Rat und nimmst mich am Ende mit Ehren an.
  25 Wenn ich nur dich habe, so frage ich *nicht* nach Himmel und Erde.
  26 Wenn mir gleich Leib und Seele verschmachtet, so bist du doch, Gott, allezeit meines Herzens Trost und mein Teil.
  28 Aber das ist meine Freude, dass ich mich zu Gott halte und meine Zuversicht setze auf Gott den HERRN, dass ich verkündige all dein Tun.
- Liturgie
- Gebet
- Biblisches Motto: Jesaja 65,22

  Die Tage meines Volkes werden sein, wie die Tage eines Baumes und ihrer Hände Werk werden meine Auserwählten genießen.

Man kann also das **Leben von uns Menschen** vergleichen mit dem **Leben eines Baumes**. Jeder Mensch hat seine Lebensgeschichte mit schönen und mit schweren Zeiten. So ist es auch bei einem Baum. Man kann die Geschichte des Baumes ablesen an seinen **Jahresringen**.

Eine fein geschliffene und polierte Baumscheibe von einem Wachholder *wird herumgegeben.*
(Ich habe das Holz dazu vor Jahren in der Lüneburger Heide gefunden. Es war schon trocken und ich habe in der Natur nichts kaputt gemacht).

Von dem Stamm des Wacholders habe ich eine Scheibe abgesägt und dann **ganz glatt geschliffen und poliert**. Es fühlt sich gut an, wenn man mit den Fingern darüberstreicht. Und das Holz duftet angenehm würzig.

Man kann die **Jahresringe des Baumes** sehen, aber ohne Lupe lassen sie sich kaum zählen. Dazu sind sie zu fein. Bei einem Stammdurchmesser von 10 cm sind es ungefähr 80 Jahresringe. Der Wacholder ist auf dem sandigen Boden in der trockenen Heide also **sehr langsam gewachsen**: Er hat für seine 10 cm Durchmesser ganze 80 Jahre gebraucht.

Eine Baumscheibe von einer Kiefer *wird herumgereicht.*

Sie stammt von einer kleinen Insel in einem See in Norwegen. Vor Jahren bin ich mit einer Gruppe von **Jugendlichen in Schweden und Norwegen** auf den klaren und tiefen Seen **mit Kanus unterwegs** gewesen. Übernachtet haben wir in Zelten auf den Inseln. Auf einer Insel war Brennholz knapp. Es fand sich aber für das Lagerfeuer eine alte trockene Kiefer, die schon lange tot war – die aber immer noch aufrecht stand. Diesen toten Baum haben die Jungen gefällt und zu Brennholz zersägt. **Die unterste Baumscheibe** knapp oberhalb der Wurzeln habe ich **mitgenommen** und **später zu Hause poliert** – so wie den Wacholder.

Der Baum erzählt uns anhand der Jahresringe seine Geschichte:

Auch dieser Baum ist langsam gewachsen, weil in Norwegen die Winter hart und die Sommer kurz sind. In den ersten 35 Jahren hat die Kiefer zugelegt bis zu einem Stammdurchmesser von 6 cm. Alles schien gut zu werden. Aber dann ist der Baum unten über der Wurzel **am Stamm verletzt** worden. Die Rinde ist an dieser Stelle rund um den Stamm fast ganz zerstört worden. Ob ein Tier die Rinde abgeknabbert hat oder ob ein Mensch die Baumrinde mit einem Messer oder mit einer Axt zerstört hat, kann man nicht mehr erkennen. **Aber der Baum hat ums Überleben gekämpft.** An einer kleinen Stelle ist die Rinde heil geblieben. Hier konnte der Baum weiterwachsen. Hier ist jedes Jahr ein neuer Jahresring entstanden. Und jedes Jahr hat der Baum versucht, die Wunde ein klein wenig weiter zu verschließen. Die Rinde hat sich ganz langsam immer weiter um den Stamm herum geschlossen, jedes Jahr ein Stückchen weiter.

Aber der Baum hat es trotzdem nicht geschafft. Nach weiteren 35 Jahren ist er trocken geworden und ist eingegangen. Er fiel aber nicht um, sondern er stand stabil auf seinem felsigen Untergrund und trocknete an der Luft, bis die Jungen ihn fanden und absägten.

Woran es gelegen hat, dass er schließlich doch gestorben ist, wissen wir nicht. Wir können aber an der Baumscheibe erkennen, dass unten **am Stamm noch eine kleine Lücke von 3 cm geblieben** war, an der die Rinde noch nicht ganz geschlossen war. Man kann also vermuten, dass durch die frühe Verletzung im Lauf der Jahre **irgendeine Krankheit** in den Baum eingedrungen ist, an der er schließlich eingegangen ist. Der Baum hat sich gegen den Rindenschaden tapfer gewehrt. Aber er ist trotzdem schließlich an der alten Wunde gestorben.

Verletzungsgeschichte eines Menschen

So kann es uns **Menschen** auch gehen. **Wir haben ein Leben lang mit alten Verletzungen zu tun**, die wir uns irgendwann einmal zugezogen haben.

Hier ein Beispiel.
(Die Geschichte ist frei erfunden im Rahmen der Zeitgeschichte, die wir alle kennen):

Sie wurde **geboren** im Jahre **1938**. Sie war **ein stilles Kind**, das dritte von 4 Kindern in der Familie. Da fiel sie nicht weiter auf. Und sie hatte es bald heraus, dass sie am besten zurechtkam, wenn sie sich still verhielt und sich nicht beklagte. Ihren Vater hat sie kaum gekannt. Er war im Krieg Soldat gewesen. Eines Tages saß die Mutter am Küchentisch und weinte. Da wusste das Kind, dass der Vater nicht mehr wiederkam. **Er war im Krieg gefallen.** Die Mutter war seitdem viel unterwegs: Sie musste arbeiten oder für Lebensmittel anstehen. Nur abends nahm sie sich Zeit. Dann saß sie lange am Bett ihrer Kinder und streichelte sie. Zum Schluss betete sie mit den Kindern ein Vaterunser. Eines Nachts kam der fürchterliche **Bombenangriff**, bei dem das Haus zerstört wurde, in dem sie zur Miete wohnten. Sie kamen zu Verwandten aufs Land. Da war es schön. Man konnte ohne Gefahr draußen spielen und es gab ein wenig mehr zu essen. Als sie größer wurde, half sie ihrer Mutter zusammen mit den Geschwistern im Garten. Sie mussten auch mit der Hacke in der Hand **bei den Bauern helfen**. Auf dem Feld musste sie in der Ernte schwere **Kartoffelsäcke** schleppen, bis der Rücken wehtat. Das war nicht gut. Nach der Konfirmation kam sie in Stellung bei einem Bauern. Da ging die schwere Arbeit weiter. Aber sie hatte ja gelernt, **sich nicht zu beklagen**.

Mit 20 hat sie geheiratet. Ihr Mann war Angestellter in der Verwaltung. Sie bekam bald drei eigene Kinder. Damit hatte sie genug zu tun und es machte ihr auch Freude, für die Kleinen da zu sein. In den 60er-Jahren bauten sie sich ein kleines **Häuschen im Grünen**. Das Gehalt ihres Mannes reichte dafür aber nicht aus. So musste sie wieder für Geld arbeiten gehen. Sie fand eine Stelle zum **Saubermachen** in einem Kindergarten. Dort musste besonders gründlich gearbeitet werden. Am Wochenende waren sie mit der ganzen Familie auf dem Bau. Sie half kräftig mit, bis das Häuschen fertig war. Der Einzug war ein Fest. Am meisten freute sie sich über den Garten. Nun war es wieder so wie in ihrer Kindheit, als sie auf dem Lande gelebt hatten. Sie hatte aber seitdem **Schmerzen in der Hüfte**. Der Arzt sagte ihr, das sei Verschleiß und gab ihr **schwere Schmerzmittel**, weil sie es anders nicht aushalten konnte. Ihr Mann sagte immer: »Unsere Kinder sollen es einmal besser haben als wir«. Er schickte die drei aufs Gymnasium. Aber die Zensuren waren nicht so gut, dass der Vater sich darüber gefreut hätte. Wenn er dann schimpfte, dann blieb sie als Mutter stumm. Aber sie versuchte, die Kinder abends am Bett zu trösten und streichelte sie, so wie es schon ihre Mutter bei ihr gemacht hatte. Und dann betete sie mit ihnen ein Vaterunser. Aus den Kindern ist auch ohne Abitur etwas geworden. Irgendwann starb ihr Mann.

Mit 70 waren die Schmerzen an ihrer Hüfte so schlimm, dass ihr der Arzt zu einer Operation riet. Sie bekam **künstliche Hüften**. Damit war sie eine Zeit lang schmerzfrei. Aber gleichzeitig wurde festgestellt, dass die schweren Medikamente über die Jahre **ihre Nieren geschädigt** hatten. Nun muss sie zweimal in der Woche zur **Blutwäsche**. Ihr Sohn fährt sie dann immer ins Krankenhaus. Und wenn er sie wieder zurückbringt, dann fragt sie ihn: »Betest du noch ein Vaterunser mit mir?« Die Blutwäsche schwächt sie mit den Jahren. Wer weiß, wie lange das gut geht?

Ein Lied von Jochen Klepper aus dem Jahre 1938:

- Lied: Ja, ich will euch tragen (EG 380, 1–7)
- Gebet
- Vaterunser
- Segen
- Lied: Wer nur den lieben Gott lässt walten (EG 369, 1–3 + 7)
- Musik

Hinweise

Die Baumscheiben, die in diesem Gottesdienst beschrieben werden, sind natürlich so nur mir zur Verfügung (siehe Abb. 3).

Man kann aber selbst nach geeigneten Stücken suchen, sie schleifen und deren Geschichte zu deuten versuchen.

Lebensgeschichten von Einzelpersonen, wie ich sie hier beschrieben habe, sind mir bei Beerdigungen viele Male so oder ähnlich erzählt worden. Die Geschichte ist typisiert, um die Identifizierung mit einer bestimmten Person zu vermeiden. Die Mehrheit unserer betagten Gottesdienstbesucher stammt ja aus der Generation der Kriegskinder. Wer 1938 geboren worden ist, konnte im Jahre 2018 den 80. Geburtstag feiern.

Abb. 4: Baumscheibe einer Kiefer mit Jahresringen (© Marina Müller-Michaelis, Tarmstedt)

29 Schätze auf Erden und Schätze im Himmel

Materialien

Aus meiner privaten Sammlung: Zweimal die gleiche Figur von sechs Musikanten, aus Brasilien, sehr fein modelliert aus bemaltem, aber ungebranntem Ton, aufgehoben in zwei Schächtelchen: Die eine Figur ist zerbrochen in »tausend Stücke« – die andere ist vollständig und heil erhalten (siehe Abb. 5).

- Musik

Eine sehr persönliche Aussage als Autor vorweg: Ich bin nicht reich an Geld, aber reich an nachdenklichen **Geschichten, die mir den Himmel aufschließen**. Und ich habe **eine Sammlung an Erinnerungsstücken**, die ich im Laufe eines sehr vielseitigen Lebens zusammengetragen habe.

- Lied: Alles ist an Gottes Segen und an seiner Gnad gelegen (EG 352, 1–4)

Die erste Zeile dieses Liedes wurde früher gern auf den Giebelbalken **über der großen Tür eines Bauernhauses** geschrieben – oftmals, nachdem vorher an gleicher Stelle ein Haus abgebrannt war.

- Psalm 4,2 + 8–9

  2 Erhöre mich, wenn ich rufe, Gott meiner Gerechtigkeit, der du mich tröstest in Angst; sei mir gnädig und erhöre mein Gebet!
  8 Du erfreust mein Herz, *ob jene auch viel Wein und Korn haben*
  9 Ich liege und schlafe ganz mit Frieden; denn allein du, HERR, hilfst mir, dass ich sicher wohne.
  (Text hier zitiert nach der alten Lutherbibel, im AT von 1964)
- Liturgie
- Gebet
- Schriftlesungen:

  Prediger 1,12–14
  12 Ich, der Prediger, war König über Israel zu Jerusalem
  13a und richtete mein Herz darauf, die Weisheit zu suchen und zu erforschen bei allem, was man unter dem Himmel tut.
  14 Ich sah an alles Tun, das unter der Sonne geschieht, und siehe, es war alles [vergeblich] und Haschen nach Wind.

  Hiob 1,21
  Hiob fasst sein Leben nachdenklich zusammen, nachdem er durch ein Unglück alles verloren hatte:
  21 Ich bin nackt von meiner Mutter Leibe gekommen, nackt werde ich wieder dahinfahren. Der HERR hat's gegeben, der HERR hat's genommen; der Name des HERRN sei gelobt!

Eine sehr persönliche Geschichte von mir

Vor vielen Jahren waren wir als Pastorenfamilie zu einem mehrjährigen **Auslandsdienst in Brasilien**. Zu Beginn mussten wir die Sprache lernen. Wir lebten dazu in einem Institut der katholischen Kirche. Eine katholische Schwester schenkte unserem damals zweijährigen Sohn eine hübsche Figur aus bemaltem Ton: Sechs Musikanten auf einer gemeinsamen Unterlage. Das Kind war aber noch so klein, dass es die Figur nicht festhalten konnte. Der Junge ließ das Schmuckstück fallen, gleich nachdem er es bekommen hatte. **Die Figur zerbrach in »tausend« Stücke.** Da gab es natürlich Tränen. Ich habe aber schnell alle **Einzelteile aufgesammelt** und bewahre die Bruchstücke bis heute auf.

Zu Anschauung

Die Bruchstücke werden herumgezeigt. Jeder kann die Sammlung der kleinen Stücke auf einem Glastellerchen ansehen.

Fortsetzung der Geschichte

Sechs Jahre lang waren wir in Brasilien. Dann sind wir zurück nach Deutschland gegangen. Erst **14 Jahre später** sind wir noch einmal mit der ganzen Familie auf einer **Reise zu Besuch in Brasilien** gewesen. Unser Sohn war inzwischen erwachsen. Er hat uns auch auf dieser Reise begleitet. In Rio haben wir solange gesucht, bis wir eine **ganz ähnliche Figur gefunden haben**. Sie war nicht ganz so hübsch wie die erste, aber dafür ziemlich teuer. Das war es mir aber wert. **Ich habe die Figur sofort gekauft.**

Jeder darf auch die heile Figur ansehen.

Predigt

Die Figur ist **aus bunt bemaltem, ungebranntem Ton geformt**: Sehr hübsch, aber auch sehr zerbrechlich. Das zweijährige Kind konnte damals nicht ahnen, dass die Figur so empfindlich sein würde.

Jedes auch noch so wertvolle Ding ist vergänglich. Wir müssen immer damit rechnen, dass uns etwas kaputt geht oder dass wir es verlieren. Jede und jeder von uns wird schon einmal eine solche Erfahrung gemacht haben.

- Schriftlesung: Matthäus 6,19–21
  Jesus spricht zu seinen Jüngern:
  19 Ihr sollt euch nicht Schätze sammeln auf Erden, wo Motten und Rost sie fressen und wo Diebe einbrechen und stehlen.
  20 Sammelt euch aber Schätze im Himmel, …
  21 Denn wo dein Schatz ist, da ist auch dein Herz.

Das Thema ist wichtig, aber auch **schmerzlich**. **Alte Leute sind in besonderer Weise betroffen:** Es beginnt schon, wenn man **in ein kleineres Haus** umziehen muss oder wenn man **ins Altersheim** geht. Man muss sich von manchen liebgewonnenen Dingen trennen. Das ist schwer, aber manchmal notwendig.

Es tut uns gut, die Wirklichkeit anzuerkennen. Diese Wahrheit hat eine heilsame Wirkung: **Am Ende des Lebens können wir nichts mitnehmen.**

Mein Vater hat **mit 90 Jahren begonnen, wichtige Dinge zu verschenken**. Er hat sie uns geradezu aufgedrängt und war traurig, wenn wir sie nicht haben wollten. Das wertvolle Silberbesteck der Großeltern zum Beispiel wollte zunächst niemand haben, weil man Silber immer putzen muss.

Er hat auch **einen Teil seines Geldes »mit warmer Hand vererbt«**. Jeder Enkel bekam von ihm eine – zwar begrenzte, aber doch sehr hilfreiche – finanzielle Starthilfe. Der Opa konnte so noch erleben, wie seine Enkel sich bei ihm dafür bedankten. Das war für ihn gut und auch für die ganze Familie.

Jesus sagt auch: Wir sollen uns Schätze sammeln im Himmel.

Der erste **Schatz im Himmel ist eine gute Einstellung zu den Schätzen dieser Welt**. Die schönen und die wertvollen Dinge, die wir besitzen, sind uns von Gott gegeben. Es ist deshalb angemessen, die Dinge so zu betrachten, als seien sie uns nur für die Zeit unseres Lebens geliehen worden.

Wichtig ist vor allem, dass man beizeiten **mit seinen Angehörigen offen über diese Fragen spricht**. Das ist natürlich in jeder Familie anders.

Wer die Dinge dieser Welt mit einer gewissen Leichtigkeit ansieht, kann dabei auch **Gelassenheit** lernen. **Wer dagegen ständig Angst hat, seinen Besitz zu verlieren, verliert dabei vor allem seine innere Ruhe.** Man kann dann nicht gut schlafen. Ein ruhiger Schlaf aber ist ein wertvolles Geschenk des Himmels.

Noch einmal dazu Psalm 4,8–9:
8 Du erfreust mein Herze, ob jene auch viel Wein und Korn haben.
9 Ich liege und schlafe ganz mit Frieden; denn allein du, HERR, hilfst mir, dass ich sicher wohne.
(Text hier zitiert nach der alten Lutherbibel, im AT von 1964)

Der größte Schatz aber ist es, die Zuversicht geschenkt zu bekommen, dass wir am Ende einmal zu Gott in den Himmel kommen werden.

Die Schätze des Himmels sind wunderschön beschrieben in einem Lied, das 150 Jahre alt ist:

- Lied: Stern, auf den ich schaue (EG 407, 1–3)
- Gebet
- Vaterunser
- Segen
- Lied: Wer nur den lieben Gott lässt walten (EG 369, 1 + 3 + 5)
- Musik

Hinweise

Das Anschauungsmaterial für diese Geschichte ist ebenfalls aus meiner privaten Sammlung (siehe Abb. 5).

Ich habe diesen Gottesdienst dennoch hier aufgeführt als ein Beispiel, um Kolleginnen und Kollegen anzuregen, selbst eigene originelle Geschichten und

Anschauungsstücke zu sammeln und dann in Gottesdiensten zu präsentieren.

Deshalb habe ich an dieser Stelle die Geschichte ebenfalls in der Ich-Form erzählt.

Natürlich ist es auch möglich, diesen Gottesdienst zu halten, ohne diese speziellen Anschauungsstücke zeigen zu können, indem man die Geschichte einfach mit Worten erzählt und die Figuren beschreibt.

Auch ist es denkbar, den Gedankengang und die Zusammenstellung von Liedern und Bibeltexten zu übernehmen und dazu eine andere, eigene Geschichte zu erzählen von einem anderen, wertvollen Stück, das ebenfalls durch Unachtsamkeit zerbrochen, aber weiter in Ehren gehalten worden ist.

Abb. 5: Musikanten aus Ton (© Marina Müller-Michaelis, Tarmstedt)

30 Wie wertvoll ist mein altes Kinderbuch?

Material

Das Bilderbuch für Kinder: Sibylle von Olfers: Etwas von den Wurzelkindern, 1905

a) Eine neueres Exemplar (aktuelle Auflage ist 2016 im Esslinger Verlag erschienen)
b) ein altes, zerlesenes Exemplar des gleichen Buches aus früherer Zeit mit dem gleichen Inhalt und den gleichen Bildern (aus meiner persönlichen Sammlung, siehe Abb. 6)

- Musik
- Lied: Nun steht in Laub und Blüte (z. B. EG Niedersachsen/Bremen 641, 1–3)
- Psalm 103,1–2

  1 Lobe den HERRN, meine Seele, und was in mir ist, seinen heiligen Namen!
  2 Lobe den HERRN, meine Seele, und vergiss nicht, was er dir Gutes getan hat.
- Liturgie
- Gebet
- Schriftlesung: 1. Mose 1,1 + 3 + 11 + 12c + 20 + 31:

  1 Am Anfang schuf Gott Himmel und Erde.
  3 Und Gott sprach: Es werde Licht! Und es ward Licht.
  11 Und Gott sprach: Es lasse die Erde aufgehen Gras und Kraut, das Samen bringe, und fruchtbare Bäume, die ein jeder nach seiner Art Früchte tragen, in denen ihr Same ist auf der Erde. Und es geschah so.
  12c Und Gott sah, dass es gut war.
  20 Und Gott sprach: Es wimmle das Wasser von lebendigem Getier, und Vögel sollen fliegen auf Erden unter der Feste des Himmels.
  31 Und Gott sah an alles, was er gemacht hatte, und siehe, es war sehr gut. Da ward aus Abend und Morgen der sechste Tag.

Wie wertvoll ist mein altes Bilderbuch?

Manche Teilnehmerinnen des Gottesdienstes kennen vielleicht **das alte Kinderbuch von Sibylle von Olfers: »Etwas von den Wurzelkindern«** (siehe Abb. 5).

Das Buch ist zuerst 1905 erschienen. Die Künstlerin, wohl auch die Dichterin des Textes, stammt aus einer Adelsfamilie aus Ostpreußen. Sie hat nur wenige bekannte Werke hinterlassen, unter anderem einige damals sehr populäre Bilderbücher für Kinder. Mit nur 35 Jahren ist sie bereits 1916 gestorben.

Ein ***neuwertiges*** *Exemplar des Buches wird herumgezeigt.*

Das Buch ist vor nicht allzu langer Zeit in einer neuen Auflage erschienen. Wir haben es vor kurzem neu in einem Buchladen entdeckt.

Das Buch wird Bild für Bild vorgestellt und knapp beschrieben, (damit die Blinden und Sehbehinderten sich auch eine Vorstellung davon machen können).

Das Titelbild: In einer **Erdhöhle**, gehalten von Baumwurzeln, begrüßen sich zwei Wurzelkinder: Fröhliche Kinder, etwa im Alter von 5 Jahren, in braunen Kleidchen und kurzen, wuscheligen Haaren. Dazwischen eine helle, weite Graslandschaft und ein blauer Himmel.

Das erste der insgesamt 9 großformatigen Bilder im Buch zeigt eine ganze Schar von **Wurzelkindern**, wie sie in ihrer Erdhöhle schlafen. **Mutter Erde** mit ebenfalls braunem Gewand und weißem Kopftuch **weckt sie fürsorglich auf**.

(Dazu den Text vorlesen: »Wacht auf, wacht auf, ihr Kinderlein …«)

Das zweite Bild: Eine ganze Gruppe von Wurzelkindern sitzt in der Wurzelhöhle und **näht an seinen bunten Frühlingskleidchen**.

(Text)

Das dritte Bild zeigt die **Mädchen**, wie sie der Mutter Erde ihre **Handarbeiten** zur Kontrolle präsentieren.

Das vierte Bild zeigt die **Wurzeljungen bei der Arbeit**, wie sie die Käfer bunt anmalen.

Das fünfte Bild zeigt, wie die Wurzelkinder, jetzt als Blumen und Gräser, mit ihren bunten Kleidchen und mit Blüten in der Hand zusammen mit den Käfern aus der Erdhöhle ins Freie krabbeln und sich in **einem festlichen Zug** in die weite, helle Welt auf den Weg machen.
(Text)

Die drei folgenden Bilder zeigen **sommerliche Landschaften** mit den Blumenkindern, fröhlich spielend in der Natur zusammen mit Schmetterlingen, Libellen und Käfern. Dazu jeweils das passende Gedicht.

Beim neunten und damit letzten Bild haben schon die **Herbststürme** eingesetzt. Die Blumenkinder kehren mit zerzausten Haaren zur Mutter Erde zurück. Sie werden von ihr herzlich begrüßt und krabbeln für den Winter wieder als Wurzelkinder in ihre Erdhöhle zurück.
(Text)

Je nachdem wie groß die Gruppe ist, kann man mit dem Buch herumgehen und alle Bilder zeigen oder nur einzelne Bilder exemplarisch vorstellen.

Wie wertvoll ist dieses Buch?
Auf der Rückseite findet sich versteckt **ein Preisschild: € 12,99**
Ist das der wahre Wert?
Oder gibt das Preisschild nur den Ladenpreis an?

Es wird ein zweites Buch gezeigt.

Derselbe Titel, dieselben Bilder und Gedichte. Aber es ist ein **altes, zerlesenes Exemplar**. Die Ecken sind abgestoßen, das bunte Titelbild zum Teil abgeschabt. Einige Seiten sind beschmutzt, aufgequollen oder zerrissen. An manchen Stellen ist das Buch geklebt. An einer Stelle hat meine Mutter mit Bleistift ihren Namen hinein geschrieben, dazu eine **4,–** offensichtlich die Angabe des Preises in DM oder vielleicht sogar noch in RM (Reichsmark, der Währung des Deutschen Reiches bis zum Ende des 2. Weltkrieges).

Wie alt dieses alte Buch genau ist, wissen wir nicht. Wir haben es zu Hause in einem Schrank gefunden.

Ich kann mich aber noch sehr genau daran erinnern, wie ich **als kleines Kind bei meiner Mutter auf dem Schoß** gesessen habe und wie sie mir die Bilder gezeigt und die Gedichte vorgelesen hat.

Und ich erinnere mich auch daran, wie sie erzählt hat, dass dieses Buch schon im Hause gewesen war, als sie selbst noch ein Kind gewesen war und bei ihrer Mutter auf dem Schoss gesessen hatte. Also **schon meine Oma hat ihren Kindern daraus vorgelesen**.

Und als ich selbst kleine Kinder hatte, da hat **meine Mutter, dann als Oma, meinen Kindern**, also ihren Enkelkindern, auch daraus vorgelesen. **Dadurch ist es gekommen, dass dieses Buch in all den Jahren so zerlesen worden ist.**

Welches Exemplar des Buches ist also wertvoller: das neue oder das alte?

Ich finde, das alte, zerlesene Bilderbuch ist wertvoller.

Es hat einen Wert an gelebtem Leben, den man nicht mit Geld beziffern kann: Wie viel kuschelige Nähe, wie viel Aufmerksamkeit und Liebe, wie viele schöne Erinnerungen verbinden sich mit diesem alten Buch!

Niemand würde dieses kaputtgeblätterte Buch mehr kaufen. Es ist ja vom vielen Gebrauch ganz schäbig geworden. Für mich ist es aber unendlich wertvoll. Das macht unser Leben aus.

So ist es auch mit uns Menschen: **Je älter ein Mensch wird, um so reicher wird er an Erinnerungen an all das, was er schon erlebt hat.**

In einer **Frauenstunde** von Damen über 70 fragte einmal der Pastor: »Wenn es möglich wäre – **würden Sie gerne noch einmal wieder 17 sein?** « Die Antwort kam spontan: **»Auf gar keinen Fall! Dann müsste ich ja auch noch einmal genauso dumm werden, wie ich damals war.«**

Also – **auf die Fülle der Erinnerungen** an unser reiches Leben und auf die vielen Erfahrungen, die wir gemacht haben, **wollen wir nicht verzichten**.

Wir sollten Gott für unsere Erfahrungen dankbar sein.

- Wiederholung von Psalm 103,1–2
  1 Lobe den HERRN, meine Seele, und was in mir ist, seinen heiligen Namen!
  2 Lobe den HERRN, meine Seele, und vergiss nicht, was er dir Gutes getan hat.
- Lied: Bis hierher hat mich Gott gebracht (EG 329, 1–3)

- Gebet
- Vaterunser
- Segen

Auch das **folgende alte Lied** ist **über Generationen** hinweg von **unzähligen Eltern ihren Kindern** vorgesungen worden:

- Lied: Weißt du wieviel Sternlein stehen (EG 511, 1–3)
- Musik

Hinweise

Da nur ich diese beiden Bücher (siehe Abb. 6) zur Verfügung habe, um sie im Gottesdienst zu zeigen, habe ich auch hier bei der Erzählung die Ich-Form gewählt.

Ich habe auch diesen Gottesdienstentwurf hier aufgenommen, um Kollegen anzuregen, selbst kreativ zu werden und eigene Materialien mit eigenen Geschichten zu suchen.

Einen ähnlichen Gedanken wie hier beschrieben kann man aber auch mit anderen Erinnerungsstücken entwickeln:

z. B. mit einem neuen Teddybär und einem alten Teddy, dem man ansieht, dass ein Kind schon lange damit gespielt hat –

oder mit einem neuen, modernen Werkzeug und einem alten, abgenutzten Werkzeug aus der Werkstatt des Großvaters.

Abb. 6: Altes und neues Bilderbuch von Sibylle von Olfers »Etwas von den Wurzelkindern« (Buchausgaben: © Thienemann-Esslinger Verlag; Foto: © Marina Müller-Michaelis, Tarmstedt)

Anhang

Verzeichnis der verwendeten Bibelstellen

Bibelstelle	Gottesdienstentwurf Nr.
1. Mose 1,1–5	**10**
1. Mose 1,1–3 + 11 + 12c + 20 + 31	**30**
1. Mose 1,11	**14**
1. Mose 1,27 + 29 + 31	**13**
1. Mose 2,7	**21 / 26**
1. Mose 3,17–19	**19**
1. Mose 4,1–2	**13**
1. Mose 8,22	**11**
1. Mose 12,1–4	**18**
1. Mose 25,8	**09**
2. Mose 2,10	**27**
2. Mose 16,13–20	**15**
2. Mose 20,8–11	**19**
2. Mose 25,23 + 30	**07**
3. Mose 24,5–6	**07**
1. Könige 19,4–13	**21**
Hiob 1,21	**29**
Hiob 38,3 + 19 + 22	**17**
Psalm 1,1–3	**24**
Psalm 4,1–3	**13**
Psalm 4,1 + 8–9	**29**
Psalm 23,1–7	**18**
Psalm 24,7–9	**01**
Psalm 31,16	**26**
Psalm 37,5–8	**04**
Psalm 46,2–6 + 9–10	**08**
Psalm 46,2 + 5 + 6	**27**
Psalm 66,1 + 20	**23**
Psalm 73,23–26 + 28	**28**
Psalm 84,5–11	**19**
Psalm 90,1–6 + 10–14	**10**
Psalm 90,10	**25**
Psalm 90,12	**22**
Psalm 91,1–2 + 11–12 + 15–16	**09 / 16 / 26**
Psalm 96,1–6	**03**
Psalm 102,26	**26**
Psalm 103,1–4 + 15–17	**14**
Psalm 103,1 + 2 + 8 + 13 + 22	**25**
Psalm 103,1–2	**30**
Psalm 104,1–2 + 10–24 + 27–28 + 35b	**07 / 12 / 15**
Psalm 107,1	**07 / 15**
Psalm 118,1 + 22–24	**06 / 11**
Psalm 139,5–10	**26**
Psalm 143,5–11	**22**

Bibelstelle	Gottesdienstentwurf Nr.
Psalm 147,1 + 4–5 + 12 + 16–18	17
Psalm 150,1–2 + 6	21
Prediger 1,12–14	29
Jesaja 9,1–6	01
Jesaja 43,1	27
Jesaja 46,2–4	25
Jesaja 65,22	28
Matthäus 1,1–11	02
Matthäus 2,1–14	03
Matthäus 2,13–21	04
Matthäus 6,7–8	23
Matthäus 6,11	15
Matthäus 6,19–21	29
Matthäus 6,28–30	14
Matthäus 8,19–20	18
Matthäus 21,1–5	05
Matthäus 21,6–9	05
Matthäus 26,17–20	05
Matthäus 27,26–28	05
Matthäus 27,29–30	05
Matthäus 27,31 + 45	05
Matthäus 27,46 + 50	05
Matthäus 27,57–61	05
Matthäus 28,1–8	06
Matthäus 28,18–20	27
Lukas 1,26–38	02
Lukas 2,1–21	02
Lukas 2,14	02
Lukas 24,50–51	26
Johannes 8,12	12
Johannes 14,1–3	09
Johannes 14,27	16
Apostelgeschichte 9,17	26
Römer 3,28	19
Römer 5,1–5	22
Römer 11,33–36	10
Galater 3,26–27	27
Epheser 2, 8–9	24
Kolosser 2,12	27
Hebräer 13,14	04
Offenbarung 11,33–36	10

Verzeichnis der Lieder aus dem Evangelischen Gesangbuch
(teilweise aus dem Regionalteil des EG Niedersachsen/Bremen)

EG	Titel des Liedes	Gottesdienstentwurf Nr.
347	Ach bleib mit deiner Gnade	09 / 20 / 22 / 24
352	Alles ist an Gottes Segen	29
112	Auf, auf mein Herz mit Freuden	06
299	Aus tiefer Not schrei ich zu dir	08
361	Befiehl du deine Wege	04
171	Bewahre uns Gott	14 / 23
032	Bis hierher hat mich Gott gebracht	25 / 30
221	Das sollt ihr, Jesu Jünger, nie vergessen	05
543	Es ist für uns eine Zeit angekommen	03
008	Es kommt ein Schiff geladen	01
510	Freuet euch der schönen Erde	07
620	Freunde, dass der Mandelzweig	08
503	Geh aus, mein Herz	11
103	Gelobt sei Gott im höchsten Thron	06
432	Gott gab uns Atem	12 / 14 / 20 / 21
165	Gott ist gegenwärtig	21
611	Gottes Liebe ist wie die Sonne	12
331	Großer Gott, wir loben dich	17 / 25
612	Herr, gib mir Mut zum Brückenbauen	08
200	Ich bin getauft auf deinen Namen	27
324	Ich singe Dir mit Herz und Mund	07 / 14 / 15
037	Ich steh an deiner Krippen hier	02
603	Ins Wasser fällt ein Stein	27
380	Ja, ich will euch tragen	25 / 28
391	Jesu, geh voran	04 / 09 / 10 / 18 / 22 / 26 / 28
396	Jesu, meine Freude	24
048	Kommet ihr Hirten	02
170	Komm, Herr, segne uns	23
229	Kommt mit Gaben und Lobgesang	15
098	Korn, das in die Erde	05
316	Lobe den Herren	03 / 16 / 19
001	Macht hoch die Tür	01
124	Nun bitten wir den Heiligen Geist	21
321	Nun danket alle Gott	13 / 20 / 27
341	Nun freut euch, lieben Christen g'mein	19 / 24
004	Nun komm der Heiden Heiland	01
477	Nun ruhen alle Wälder ... Breit aus die Flügel	16
641	Nun steht in Laub und Blüte	12 / 30
044	Oh, du fröhliche	02

EG	Titel des Liedes	Gottesdienstentwurf Nr.
085	Oh Haupt, voll Blut und Wunden	05
071	Oh König aller Ehren	03
376	So nimm denn meine Hände	09 / 10 / 16 / 22 / 26
407	Stern, auf den ich schaue	29
046	Stille Nacht	02
013	Tochter Zion	05
188	Vaterunser, Vater im Himmel	23
421	Verleih uns Frieden gnädiglich	08
511	Weißt du, wie viel Sternlein stehen	30
369	Wer nur den lieben Gott lässt walten	04 / 13 / 18 / 28 / 29
501	Wie lieblich ist der Maien	12
011	Wie soll ich dich empfangen	01
508	Wir pflügen und wir streuen	07 / 13 / 15 / 26
100	Wir wollen alle fröhlich sein	06

Verzeichnis sonstiger Lieder und Gedichte

Titel des Liedes	Gottesdienstentwurf Nr.
»Alle Vögel sind schon da« Worte: Hoffmann von Fallersleben, 1835/1844, Weise: Verfasser unbekannt, 18. Jahrhundert	6 / 12
»Bunt sind schon die Wälder« Text: J. G. v. Salis-Seewis, 1782, Weise: Johann Friedrich Reichardt, 1799	17
»Es ist für uns eine Zeit angekommen« Text: Paul Herrmann (1904–1970) Melodie: Sterndrehermarsch z. B. Mundorgel 167	18
»Es tanzt ein Bi-Ba-Butzemann« überliefert, erstmals in »Des Knaben Wunderhorn« (1808)	22
»He, du Weihnachtsmann« Text: Jochen Petersdorf Melodie: Frank Schöbel	23
»Immer langsam voran«, Lied vom Kräwinkler Landsturm Text und Melodie: Verfasser unbekannt	22
»Schneeflöckchen, Weißröckchen« Text: Hedwig Haberkern, 1869 Melodie: Verfasser unbekannt	18

Titel des Liedes	Gottesdienstentwurf Nr.
»Wer nur den lieben langen Tag« Text und Melodie: Jens Rohwer z. B. Mundorgel 158	12
»Wildgänse rauschen durch die Nacht« Text: Walter Flex (1887–1917) 1. Melodie: Verfasser unbekannt, veröffentlicht z. B. im Liederbuch »St. Georg«, Verlag Günther Wolff, Plauen 1935 2. Melodie: Robert Götz	8
»Wo Menschen sich vergessen … da berühren sich Himmel und Erde« Text: Thomas Laubach, Musik: Christoph Lehmann, z. B. LebensWeisen, Beiheft 05 zum EG (Niedersachsen-Bremen), 85	8
»Zeigt her eure Füße …« Text und Melodie: Verfasser unbekannt, überliefert	19

Titel des Gedichts	Gottesdienstentwurf Nr.
»Der Winter ist ein rechter Mann« Text: Matthias Claudius (1740–1814)	18
»Etwas von den Wurzelkindern« Text: Sibylle von Olfers	30
»Seht mir doch mein schönes Kind« Text: Gottfried August Bürger (1747–1794)	20
»Vom Büblein auf dem Eis« Text: Friedrich Güll, (1812–1879)	18

Weiterführende Literatur

Alzheimer Gesellschaft Niedersachsen e. V.: Menschen mit Demenz, Teilhabe durch besondere Projekte in Niedersachsen, Hannover 2014

Udo Baer/Gabi Schotte-Lange: Das Herz wird nicht dement, Rat für Pflegende und Angehörige, Weinheim 2015: Beltz

Ulrike Budke-Grüneklee: Erhalte uns durch dein Wort. Gottesdienste feiern in Altenheim und Seniorenkreis, Hannover 2014, Eine Arbeitshilfe der liturgischen Konferenz Niedersachsens

Thomas Hilsberg/Magdalena Hilsberg: Erinnern und Vertrauen, Glaubenskurs für Hochbetagte, Missionarische Dienste, Evangelische Kirche in Baden o. J.

Willi Hoffsümmer: Gottesdienste mit Senioren, Anregungen und Modelle, Freiburg 2009, Herder

Martina Jung: Gottesdienste im Seniorenheim, Vorlagen und Gestaltungselemente für Wort-Gottes-Feiern, Ideenwerkstatt Gottesdienste – Themenheft, Freiburg 2014: Herder

Achim Knecht: Erlebnis Gottesdienst, Zur Rehabilitierung der Kategorie »Erlebnis« für Theorie und Praxis des Gottesdienstes, Leipzig 2011, Evangelische Verlagsanstalt

Dagmar Knecht: Von Gott will ich nicht lassen, Modelle für Gottesdienste in Alten- und Pflegeheimen, Gütersloh 2014: Gütersloher

Burkhard Pechmann: Altenheimseelsorge, Gemeinden begleiten Menschen im Alter und mit Demenz, Gemeindearbeit praktisch, Bd 004, Göttingen 2011: Vandenhoeck & Ruprecht

Gerhard Sprakties: Sinnorientierte Altenseelsorge, Neukirchen-Vluyn 2013: Neukirchener